글 헤더 알렉산더

『부활절 달걀 경주 사건』, 『이기든 지든』 등을 비롯하여 20여 권의 어린이책을 썼고, 『건설 현장과 기계가 하는 일』로 골드실 오펜하이머 토이 포트폴리오 베스트 북 어워드를 수상했습니다. 날마다 손가락으로 지구의를 짚어 보며 세계의 멋진 곳에서 사는 모습을 상상하는 게 취미랍니다.

그림 메레디스 해밀턴

브라운 대를 졸업하고 스쿨 오브 비주얼 아트를 수료했습니다. 『뉴스위크』지와 『타임』지에서 미술을 담당했고, 『오케스트라 이야기』, 『어린이를 위한 시 입문』, 『놀라운 우주·별·행성의 모든 것』 등 어린이책에 그림을 그렸습니다.

옮김 이승숙

좋은 어린이책과 청소년책을 찾아 소개하고 번역하는 기획자이자 번역가로 활동하고 있습니다. 옮긴 책으로는 『떡갈나무 바라보기』, 『하늘 어딘가에 우리 집을 묻던 날』, 『엉뚱하고 아름다운 패션의 역사』, 『열 명의 왕』, 『우주 탐험』 등이 있습니다.

감수 조지욱

동국대학교 지리교육학과와 같은 학교 대학원에서 지리교육학을 공부했습니다. 현재 부천 정명고등학교에서 지리를 가르치고 있습니다. 『동에 번쩍 서에 번쩍 우리나라 지리 이야기』, 『지도를 따라가요』 들을 썼고, 『EBS 세계 지리』, 『세계 지리』(공저), 『지리 부도』(공저) 등의 교과서를 집필했습니다.

초등학생이 꼭 읽어야 할 세계 지리

2011년 5월 30일 1판 1쇄 | 2024년 5월 13일 1판 8쇄

글 : 헤더 알렉산더 · 그림 : 메레디스 해밀턴 · 옮김 : 이승숙 · 감수 : 조지욱 · 기획·편집 : 최옥미·강변구 · 디자인 : 김지선
마케팅 : 이병규·양현범·이장열·김지원 · 홍보 : 조민희 · 제작 : 박흥기 · 인쇄 : 코리아피앤피 · 제책 : 책다움
펴낸이 : 강맑실 · 펴낸곳 : (주)사계절출판사 · 등록 : 제 406-2003-034호 · 주소 : (우)10881 경기도 파주시 회동길 252
전화 : (031) 955-8588, 8558 · 전송 : 마케팅부 031) 955-8595 편집부 031) 955-8586 · 홈페이지 : www.sakyejul.net · 전자우편 : skj@sakyejul.com
블로그 : blog.naver.com/skjmail · 페이스북 : www.facebook.com/sakyejulkid · 인스타그램 : instagram.com/sakyejulkid

값은 뒤표지에 적혀 있습니다. 잘못 만든 책은 구입하신 서점에서 바꾸어 드립니다. 사계절출판사는 성장의 의미를 생각합니다. 사계절출판사는 독자 여러분의 의견에 늘 귀 기울이고 있습니다.
ISBN 978-89-5828-548-9 73980

A CHILD'S INTRODUCTION TO THE WORLD
Copyright © 2010 by Black Dog & Leventhal Publishers, Inc.
Original artwork copyright © 2010 by Meredith Hamilton
All rights reserved.

Korean translation copyright © 2011 by Sakyejul Publishing Ltd.
Korean translation rights arranged with Black Dog & Leventhal Publishers, Inc. through Eric Yang Agency, Inc.

에릭양 에이전시를 통해 Black Dog & Leventhal Publishers, Inc.와 맺은 독점 계약에 따라 한국어 판권은 (주)사계절출판사가 소유합니다.
저작권법에 따라 한국 내에서 보호를 받는 저작물이므로 무단 전재와 복제를 금합니다.

초등학생이 꼭 읽어야 할
세계 지리

글 헤더 알렉산더 | 그림 메레디스 해밀턴 | 옮김 이승숙 | 감수 조지욱

사□계절

차례

1부 여기가 어디일까요?

여기가 어디일까요?	4
푸른 별 지구	6
내가 떠다니고 있어요!	8
지구는 둥글다	10
둥근 땅에서 살아가기	12
우리가 사는 곳의 시간은?	14
지도 이야기	16
지도를 읽어 볼까요?	17
오르막과 내리막	20
흐름을 따라서	22
다른 공간, 다른 장소	25
지구는 만원	28
우리는 누구일까요?	30

2부 세계에 온 걸 환영해요

대륙	32
북아메리카	34
캐나다	36
미국	38
멕시코	46
중앙아메리카	47
남아메리카	48

남아메리카 북부와 브라질	50
남아메리카 남부	52

유럽 · 54
영국과 아일랜드	56
북유럽	58
동유럽	59
서유럽	60
남유럽	62

아시아 · 64
러시아와 중앙아시아	66
서남아시아	68
남부아시아	70
동남아시아	72
동부아시아	74

아프리카 · 76
북부아프리카	78
서부아프리카	80
중앙아프리카와 남부아프리카	82

오스트레일리아 · 84
오스트레일리아	84
오세아니아	87

남극과 북극 지역 · 88

찾아보기 · 90

1부
여기가 어디일까요?

상해 봐요. 어느 날 아침 잠에서 깨어났는데, 여러분이 낯선 곳에 있어요. 그곳에 어떻게, 왜 갔는지 도무지 알 수 없어요. 그곳엔 사람들도 없어요. 건물도 전혀 없고요. 그곳이 어디인지 구별할 수 있는 게 아무것도 없어요.

본 뒤 길을 표시해 둬요. 다시 물을 찾아야 할지도 모르니까요. 낯선 땅에 대해 알아낸 여러 가지 사실을 나중에 모두 기억할 수 있도록 땅바닥에 막대기로 적어 놓아요.

"도대체 여기가 어디야?"

여러분은 휴대전화도 없이 덩그러니 혼자 있어요. 이제 어떻게 해야 할까요? 주변 세계를 이용해서 단서를 찾아봐야 해요. 주위를 둘러보아요. 여러분이 있는 그곳이 산인가요, 계곡인가요, 아니면 평평한 땅인가요? 어떤 나무와 식물들이 자라고 있나요? 주위를 달려가는 동물들도 살펴봐요. 날씨와 기온도 기록하고요. 근처에 물이 있나요? 그 물이 짠가요, 안 짠가요? 그 물이 마실 수 있는 민물인지 살펴

단서 1. 땅 모양

단서 2. 기온

단서 3. 식물

단서 4. 동물

여러분은 여전히 낯선 곳에서 오도 가도 못하고 있지만, 어느덧 새로운 환경에 대해 잘 알게 되었을 거예요. 왜일까요? 방금 지리를 이용했기 때문이에요!

대부분의 어린이들은 지리 공부를 단순히 여러 나라의 위치와 수도 따위를 외우는 일이라고 생각해요. 하지만 지리는 훨씬 더 많은 일들과 관련이 있어요. 지리를 영어로 '지오그래피'라고 하는데, 그리스 어에서 생겨났어요. '지오'는 지구를, '그래피'는 쓰거나 설명한다는 뜻이에요. 그러니까 지오그래피는 '지구를 설명한다'는 뜻이에요. 지리를 공부한다는 것은 지구에서 일어나는 모든 것을 이해하려고 노력하는 일이라고 말할 수 있을 만큼 지리는 정말 거대한 주제이지요. 우리가 그것들을 하나하나 알아볼 거예요.

지도에는 지리와 관련된 온갖 정보가 담겨 있어요. 지구 표면, 그곳에 사는 사람들과 동물들, 날씨와 기후, 그리고 온갖 광물과 식물, 지형과 바다 따위를 지도에 표시할 수 있어요. 지리를 연구하는 사람들을 지리학자라고 하는데, 그들은 주로 다음 세 가지 질문에 대한 답을 얻으려고 노력해요.

1. 어디?
2. 왜 그곳에?
3. 왜 관심을 가져야 할까?

우리도 이제 이 책에서 그 답을 찾아볼 거예요. 다 함께 가장 큰 대양부터 가장 건조한 사막, 가장 작은 나라까지 세계를 탐험해 보아요. 지도가 어떻게 만들어지는지 알아보고, 지도 읽는 방법도 배워 보아요. 여러분이 사는 곳을 자세히 이해하고, 미래에 가 보고 싶은 멋진 곳에 대한 눈도 넓혀 보고요. 그러다 보면 지구가 여러분에게, 여러분이 지구에 어떤 영향을 주는지 알게 될 거예요.

지리가 단지 자연과 관련된 것만은 아니에요. 사람들과도 관련이 있어요. 우리 세계는 온갖 사람들과 고유한 관습과 전통을 가진 다양한 문화로 이루어져 있어요. 여러분에게 정상으로 보이는 것이 다른 곳의 어린이들에게는 이상하게 보일 수 있어요. 명절, 축제, 음식, 언어, 삶의 방식 등 한 나라의 문화를 배우면 그 나라와 그 나라 사람들을 아주 잘 이해할 수 있지요.

세계 지리에 대해 배우는 것은 무척 재미있는 일이에요. 여러분이 서 있는 땅과 사는 나라, 또 여러분이 읽는 책과 텔레비전에서 보는 먼 곳의 일들에 관해 여러 가지를 알 수 있거든요.

알아야 할 표기법

cm = 센티미터
m = 미터
km = 킬로미터
km² = 제곱킬로미터
° = 도

푸른 별 지구

지구가 맨 처음 만들어진 때는 언제일까요? 과학자들이 지구에서 가장 오래된 광물을 측정한 결과 약 46억 년이나 된 것으로 나타났어요. 그러니까 지구의 현재 나이는 약 46억 살이라는 거지요. 공룡이 지구에 약 2억 3천만 년 전부터 6천5백만 년 전까지 살았다는 사실을 생각하면 지구의 나이가 얼마나 많은지 잘 이해될 거예요. 인간은 약 300만 년 전에 지구에 등장했어요. 비행기는 겨우 100년 전에 발명되었고요.

태양에서 세 번째 행성

끝없이 펼쳐진 거대한 우주에서 지구는 아주 작은 행성이에요! 우주에서 우리가 있는 곳은 **태양계**라고 해요. 태양계에는 여덟 개의 행성이 있는데, 모두 태양의 둘레를 돌고 있어요. 지구는 태양에서 세 번째에 위치한 행성이에요. 지구는 태양계에서 다섯 번째로 크지요. 태양계와 약 1,000억 개의 별들이 은하수라고 부르는 **은하계**를 이루고 있어요. 맑은 날 밤에 하늘을 올려다보면, 무수히 많은 별들이 마치 은빛으로 흐르는 강처럼 보이기 때문에 사람들이 은하수라고 이름을 지었지요. 우주에는 수많은 은하계가 있는데(은하계가 얼마나 많은지는 전혀 몰라요), 그것들이 모두 함께 우주를 이루고 있어요.

대기는 공기 담요 같은 것

지구는 사람과 동식물이 살 수 있는 유일한 행성으로 알려졌어요. 그건 지구의 대기에 산소가 있기 때문이에요. 대기는 지구를 에워싸고 있는 공기 담요 같은 거지요. 대기는 태양의 강한 열기와 대기권 밖 공간에서 날아오는 물체들로부터 지구에 사는 모든 생물을 보호해 준답니다.

지구를 왜 푸른 행성이라고 할까요?

대기권 밖 우주 공간에서 찍은 지구 사진을 보면, 녹색 부분이 조금 있고 대부분은 파랗게 보여요. 지구는 왜 파랗게 보일까요? 바로 물 때문이에요. 지구의 71퍼센트가 물로 덮여 있거든요. 물이 매우 많아서 지구는 물의 행성이라고 할 수 있을 정도예요! 지구의 녹색 부분은 7대륙, 바로 거대한 땅덩이로 나뉜 육지예요.

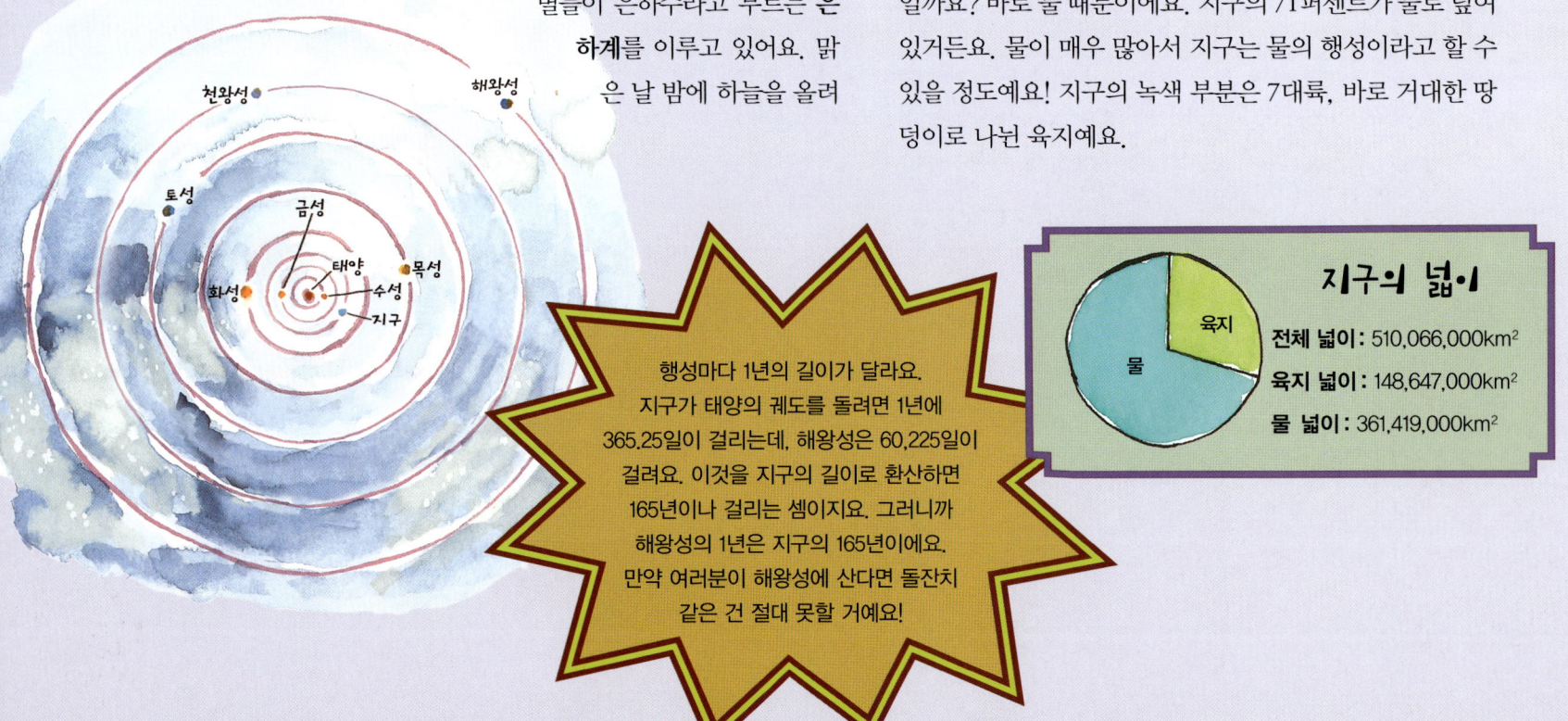

행성마다 1년의 길이가 달라요. 지구가 태양의 궤도를 돌려면 1년에 365.25일이 걸리는데, 해왕성은 60,225일이 걸려요. 이것을 지구의 길이로 환산하면 165년이나 걸리는 셈이지요. 그러니까 해왕성의 1년은 지구의 165년이에요. 만약 여러분이 해왕성에 산다면 돌잔치 같은 건 절대 못할 거예요!

지구의 넓이

전체 넓이: 510,066,000km²
육지 넓이: 148,647,000km²
물 넓이: 361,419,000km²

은하계 (은하수)

↑ 태양계

돌고 또 돌고

우리가 사는 지구는 항상 돌고 있어요. 지구가 태양의 둘레를 도는 거리는 9억 5천만 킬로미터예요. 지구가 태양의 둘레를 한 바퀴 도는 데 365.25일이 걸리는데, 그 시간을 1년이라고 하지요. 그런데 해마다 남는 1일의 4분의 1에 해당하는 0.25일은 어떻게 할까요? 만약 우리가 이 시간을 무시한다면, 차곡차곡 쌓여서 언젠가는 계절과 달이 서로 맞지 않게 될 거예요.

이 문제를 해결하기 위해 율리우스 카이사르라는 고대 로마의 황제는 달력에 4년마다 하루를 더 추가하기로 결정했어요. 고대 로마의 달력은 지금과 달리 2월이 한 해의 마지막 달이었어요. 그래서 자연스럽게 2월에는 4년마다 하루가 덧붙였지요. 곧 4년에 한 번씩 2월 29일이 돌아오는 거예요. 이렇게 하루가 늘어난 해를 **윤년**이라 하고, 하루가 늘어난 날(2월 29일)은 **윤날**이라고 해요.

밤과 낮

지구는 태양의 둘레를 도는 동시에 자전축을 중심으로 스스로 회전을 해요. 이것을 **지구의 자전**이라고 하지요. 자전축은 지구의 중심을 통과하는 상상의 선이에요. 지구가 24시간마다 자전축을 중심으로 한 바퀴 돌기 때문에 우리는 낮에서 밤으로, 그리고 다시 밤에서 낮으로 이동하게 돼요.

지구가 자전할 때 태양에서 나온 빛이 지구를 비추는데, 한 번에 지구의 반쪽만 밝게 비춰요. 그래서 지구는 날마다 밝은 낮과 어두운 밤을 갖게 돼요. 이 때문에 대부분의 사람들이 낮과 밤 시간에 맞춰서 학교에 가거나 일을 하며, 놀거나 잠을 자게 되지요.

깜짝 수학 $\frac{1}{4}+\frac{1}{4}+\frac{1}{4}+\frac{1}{4}=\frac{4}{4}=1$일

지구의 시간
자전축을 중심으로 한 바퀴 돌면 1일

태양 둘레를 한 바퀴 돌면 1년

내가 떠다니고 있어요!

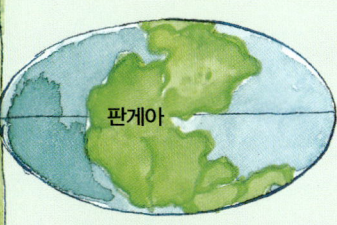
판게아

250
(단위 100만)

여러분은 이제 지구가 항상 돌고 있다는 사실을 알았을 거예요. 그런데 대륙 또한 움직이고 있다는 사실도 알고 있나요?

과학자들은 2억 5천만 년 전에는 대륙이 지금의 모습처럼 분리되지 않았고, 육지는 바다에 둘러싸인 하나의 거대한 땅덩이였다고 믿고 있어요. 알프레드 베게너라는 독일의 지질학자가 이 거대한 땅덩이를 **판게아**(초대륙)라고 했는데, 그리스 어로 '지구 전체'라는 뜻이에요. 판게아는 알파벳 C자 모양으로 북쪽 끝에서 남쪽 끝까지 뻗어 있었어요. (이 말은 곧 공룡들이 남극에서 북극까지 갔다가 다시 돌아왔을 수도 있다는 것을 뜻해요!)

왜 대륙이 움직였을까요?

지구는 지각, 맨틀, 핵이라는 세 층으로 이루어졌어요.

지구의 지각은 딱딱해요. 지구는 **지각판**이라는 10여 개의 판으로 갈라져 있어요. 지각판은 맨틀이라는, 움직이는 고체 위에 떠 있으며 거대한 뗏목처럼 움직여요.

맨틀의 엄청난 열과 압력 때문에 판들은 계속해서 모든 방향으로 움직여요. 이것을 **대륙 이동**이라고 해요. 지난 2억 2천만 년에 걸쳐 지각판들이 계속 이동해서 지금의 자리에 떠 있게 됐어요.

125

지각은 지구의 표면을 둘러싸고 있는 부분이에요. 맨 바깥쪽의 가장 얇은 층이지요. 이곳은 흙과 암석으로 이루어져 있어요. 우리가 걷는 땅과 바다 밑의 땅이 바로 지각의 일부예요.

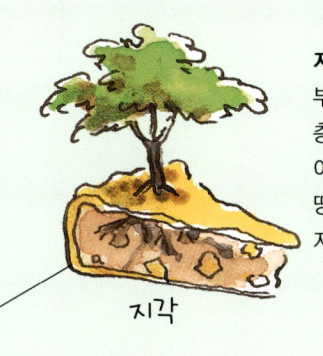
지각

맨틀은 중간층이에요. 이곳은 엄청나게 뜨거운 유동성 고체로 이루어졌어요.

맨틀

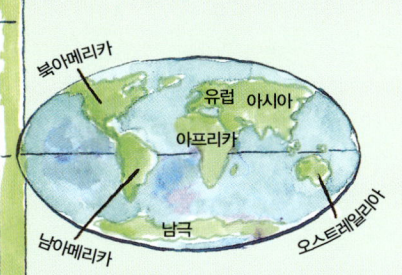
북아메리카, 유럽, 아시아, 아프리카, 남아메리카, 남극, 오스트레일리아

0
(현재)

중심부에 있는 **핵**은 외핵과 내핵으로 나뉘어요. 외핵은 액체 상태의 철로 이루어졌어요. 내핵은 고체 상태의 철로 이루어졌으며, 지구에서 가장 뜨거운 부분이에요. 이곳의 온도는 거의 태양의 표면만큼 뜨거워요.

핵

지각판들이 부딪치면 어떻게 될까요?

지각판들이 움직이면서 서로 스치거나 충돌할 때가 있어요. 이때 지진이 일어나거나 화산이 폭발해요. 지각판들이 서로 정면으로 부딪칠 때도 있는데, 그때 지각판들의 가장자리가 겹치기 때문에 산이 치솟기도 해요. 예를 들면 오래전 인도는 아시아 대륙과 멀리 떨어져 있는 거대한 땅이었어요. 그러다가 약 6,500년~1억 년 전 인도가 북쪽으로 이동하기 시작해 아시아와 만났어요. 그때 인도와 아시아가 세게 충돌했어요. 그러면서 히말라야 산맥이 생겨났지요.

세계의 지각판

우리가 정말 움직이고 있는 걸까요?

맞아요. 우리는 정말로 떠다니고 있어요. 지구의 지각판들은 해마다 2센티미터에서 6센티미터쯤 이동해요. 손톱이 자라는 속도보다 더 느리게 움직이기 때문에 우리가 느끼지 못할 뿐이에요. 인도는 해마다 아주 조금씩 북쪽으로 이동해서 지금도 히말라야 산맥이 더 높아지고 있대요!

지리학자들은 대서양이 넓어지고 있고, 북아메리카는 유럽과 아프리카에서 더 멀어지고 있다고 말해요. 오스트레일리아도 북쪽으로 움직이고 있어서 언젠가는 아시아와 충돌하게 될 거래요. 하지만 여러분이 오스트레일리아에 살고 있다 해도 지금 당장은 안전 헬멧을 쓰지 않아도 돼요. 그런 일은 1억 년 후에나 일어날지 모르니까요. 2억 2천만 년 뒤에는 판게아처럼 지구의 모든 대륙이 다시 하나로 합쳐질 거라고 말하는 지리학자들도 있어요. 그때가 되면 지구에서 육지가 차지하는 면적이 더 좁아질까요, 아니면 더 넓어질까요?

지진과 화산 폭발이 많이 일어나는 곳은 어디일까요?

지구의 껍질이라고도 할 수 있는 지각판이 이동하면서 서로 부딪칠 때 지표면에서는 산들이 솟아오르거나 화산이 폭발하거나 지진이 일어난다는 사실을 알았을 거예요. 특히 지각판의 움직임이 활발한 곳에서는 지진과 화산 활동이 많이 일어나지요.

세계에서 지진과 화산 폭발이 많이 일어나는 곳은 태평양을 둘러싸고 있는 산맥과 많은 화산섬으로 이루어진 환태평양 조산대, 그리고 유럽의 알프스 산맥에서 아시아의 히말라야 산맥으로 이어지는 알프스-히말라야 조산대예요. 그래서 두 조산대에 속해 있는 일본, 미국의 서부, 페루, 칠레 같은 곳에서 지진이 자주 일어나요.

지구는 둥글다

여러분이 몇천 년 전에 살았다고 상상해 봐요. 그때는 지금과 여러모로 아주 달랐어요. 텔레비전도, 컴퓨터도, 차도 없었어요. 여러분은 아주 작은 마을에 살았고, 걸어가기에 너무 먼 곳은 여행해 본 적도 없을 거예요. 또한 여러분이 살고 있는 마을이 평지에 있었다면 아마 지구가 평평하다고 믿었을 거예요. 그럼 사람들은 지구가 둥글다는 사실을 어떻게 알아냈을까요?

아리스토텔레스가 가장 먼저 알아냈어요

아리스토텔레스는 기원전 4세기에 살았던 그리스의 철학자예요. 어느 날 아리스토텔레스가 달을 관찰하고 있을 때 월식이 일어났어요. 월식은 지구가 태양과 달 사이로 들어가서 달에 닿는 햇빛을 막는 현상을 말해요. 달이 지구의 그림자에 가려 보이지 않는 거예요. 그런데 아리스토텔레스가 월식을 관찰하면서 본 지구의 그림자는 둥글었어요. 아리스토텔레스는 현명한 관찰자여서 둥근 물체만이 둥근 그림자를 만든다는 사실을 알고 있었지요. 그래서 아리스토텔레스는 지구는 평평하지 않고 둥글다고 생각했던 거예요.

지구가 둥글다는 건 콜럼버스가 증명하지 않았나요?

맞기도 하고 아니기도 해요. 아리스토텔레스와 그의 친구들은 콜럼버스보다 약 1,100년이나 먼저 지구가 둥글다는 사실을 알았어요. 그리스의 천문학자이자 지리학자인 **클라우디우스 프톨레마이오스**는 서기 150년에 최초의 세계 지도를 그렸고, 지구가 둥글다는 것을 뜻하는 '구'에 관한 유명한 책을 썼어요. 그러자 많은 학자들이 아리스토텔레스와 프톨레마이오스가 틀렸다며 다른 사람들에게 자기들의 말이 옳다고 믿게 했어요. 그래서 아리스토텔레스와 프톨레마이오스의 지도와 책은 곧 버려지거나 숨겨졌어요. 수백 년이 지나자 사람들은 현명한 그리스 학자를 잊고, 다시 세계는 평평하다고 믿었지요.

> 내 말을 잘 듣게. 지구는 평평해서 조심하지 않으면 떨어질지도 몰라.

이제 **크리스토퍼 콜럼버스** 얘기를 해 볼까요. 1479년 무렵 콜럼버스는 포르투갈 연안의 작은 섬에 사는 지도 제작자였어요. 콜럼버스는 프톨레마이오스의 지도를 발견했고 둥근 세계에 관한 이야기를 들었지요. 또 여행자들에게서 풍요로운 인도(아시아) 이야기도 들었어요. 그때까지 유럽에서 아시아로 가려면 수많은 산과 사막을 건너 길고 힘든 여행을 해야 했어요. 이 길을 실크로드(비단길)라고 해요.

콜럼버스는 배를 타고 바다를 가로질러 서쪽으로 항해하면 더 빨리 인도에 갈 수 있다고 믿었어요. 그래서 항해에 필요한 물품과 배 세 척을 후원해 달라고 에스파냐(스페인)의 왕과 여왕을 설득했어요. 콜럼버스는 세계가 둥글다는 사실을 믿고 있었지만, 그 사실을 증명하기 위해 항해를 하려는 건 아니었어요. 콜럼버스의 목표는 향료나 황금

아리스토텔레스

같은 귀한 상품을 얻을 수 있는 가장 빠른 뱃길을 발견하는 것이었지요.

콜럼버스는 1492년 8월 3일에 포르투갈의 리스본을 출발해서 항해를 시작했어요. 그리고 두 달 만인 10월 12일, 산살바도르 섬에 다다랐어요. 콜럼버스는 드디어 인도에 왔다고 100퍼센트 확신했지요. 하지만 아니었어요! 인도 근처에는 가지도 못했어요. 오히려 콜럼버스는 앞으로 아메리카라고 불릴 신대륙을 '발견'한 거였어요.

무엇이 잘못되었을까요?

콜럼버스는 프톨레마이오스의 지도를 이용해서 항해를 했어요. 그 지도에는 지구의 둘레가 1만 1,000킬로미터로 되어 있었어요. 지구의 둘레는 4만 킬로미터가 넘는데 말예요. 그래서 불쌍한 콜럼버스는 아시아가 아주 가깝다고 생각했지요. 거대한 땅(북아메리카 대륙과 남아메리카 대륙)이 인도로 가는 길을 막고 있다고는 꿈에도 생각하지 못했던 거예요.

마침내 마젤란이 마침표를 찍었어요

아리스토텔레스는 지구가 둥글다는 사실을 증명했어요. 프톨레마이오스와 콜럼버스도 증명했고요. 그렇지만 지구가 평평한가 아닌가 하는 논쟁을 완전히 끝낸 사람은 **페르디난드 마젤란**이에요.

1519년 마젤란은 콜럼버스처럼 서쪽으로 항해하여 에스파냐에서 동인도 제도로 간 포르투갈의 탐험가예요. 마젤란과 250명의 선원들은 남아메리카의 남쪽 끝을 지나서 태평양으로 갔어요. 그리고 계속 항해했지요. 하지만 1521년 마젤란은 필리핀에 상륙했다가 그곳 원주민이 쏜 독화살에 맞아 죽고 말았어요. 선원들은 마젤란 없이 항해를 계속한 끝에 에스파냐를 떠난 지 3년 뒤인 1522년, 18명의 선원들만 에스파냐로 돌아왔지요. 이 항해가 최초의 세계 일주이며, 모든 사람들에게 지구가 정말로 둥글다는 사실을 증명해 보였어요.

콜럼버스가 북아메리카와 남아메리카에 갔을 때 그곳에는 수많은 사람들이 살고 있었어요. 콜럼버스는 새로운 땅을 발견했다고 말했어요. 하지만 이미 사람들이 살고 있던 곳을 '발견'했다고 말할 수 있을까요?

난 세계를 일주하고 싶었지만 프톨레마이오스의 지도 때문에 지구가 작다고 생각해서 성공하지 못했다네.

나도 세계를 일주하고 싶었지만, 도중에 죽고 말았지.

크리스토퍼 콜럼버스

페르디난드 마젤란

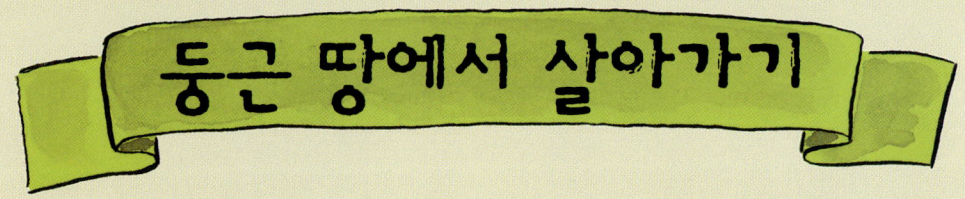

둥근 땅에서 살아가기

 험가와 과학자들 모두 지구가 둥글다는 사실을 인정하고 나자, 어떤 장소가 어디에 있는지 정확하게 알 수 있는 시스템이 필요했어요.

방향 찾기

방향은 여러분이 바라보고 있는 쪽이에요. 방향에는 동, 서, 남, 북이라는 주요한 네 방향이 있어요. 바로 기본 방향들이지요. 네 방향은 영어의 첫 글자를 따서 E(동쪽), W(서쪽), S(남쪽), N(북쪽)이라고 써요. 여러분이 북쪽을 바라보고 있다면, 남쪽은 여러분의 뒤쪽, 서쪽은 왼쪽, 동쪽은 오른쪽에 있을 거예요.

지구로 돌아가서

통통 튀는 공을 들고서 그것을 지구라고 상상해 봐요. 그리고 자신이 살고 있는 곳과 여행 가고 싶은 곳이 얼마나 멀리 떨어져 있는지 가늠해 봐요. 그런데 공에는 모퉁이나 가장자리가 없어요. 그러면 거리를 재기 위한 기준이 되는 지점으로 어디를 이용해야 할까요? 지구가 자전축을 중심으로 돈다는 사실을 기억하고 있나요? 그 축의 양끝을 **북극**과 **남극**이라고 하는데, 바로 그 양극을 측정 지점으로 이용해요.

이번에는 공의 한가운데를 돌아가는 상상의 선을 그려 보아요. 이 선을 지구에서는 **적도**라고 해요. 적도는 지구를 똑같이 반으로 나누지요. 적도 북쪽의 절반은 **북반구**, 적도 남쪽의 절반은 **남반구**라고 해요. '반구'란 지구의 절반이라는 뜻이에요. 여러분은 지구의 어떤 반구에 살고 있나요?

어디에 사니?

누가 이렇게 물으면 여러분은 아마 거리 이름이나 동네 이름을 말할 거예요. 그런데 누구에게 여러분의 집 위치를 알려줘야 할 때, 주소가 없으면 어떻게 될까요?

그래서 **위도**와 **경도**가 생겼어요. 위도와 경도는 바둑판 무늬처럼 서로 교차하는 가로선과 세로선이에요. 사막이나 바다 한가운데에 있다고 해도 특별한 두 숫자, 곧 경도와 위도의 **좌표**가 있으면 지구상의 모든 장소를 지구의 바둑판 무늬에서 찾을 수 있어요.

세계의 위치를 나타내는 위도와 경도

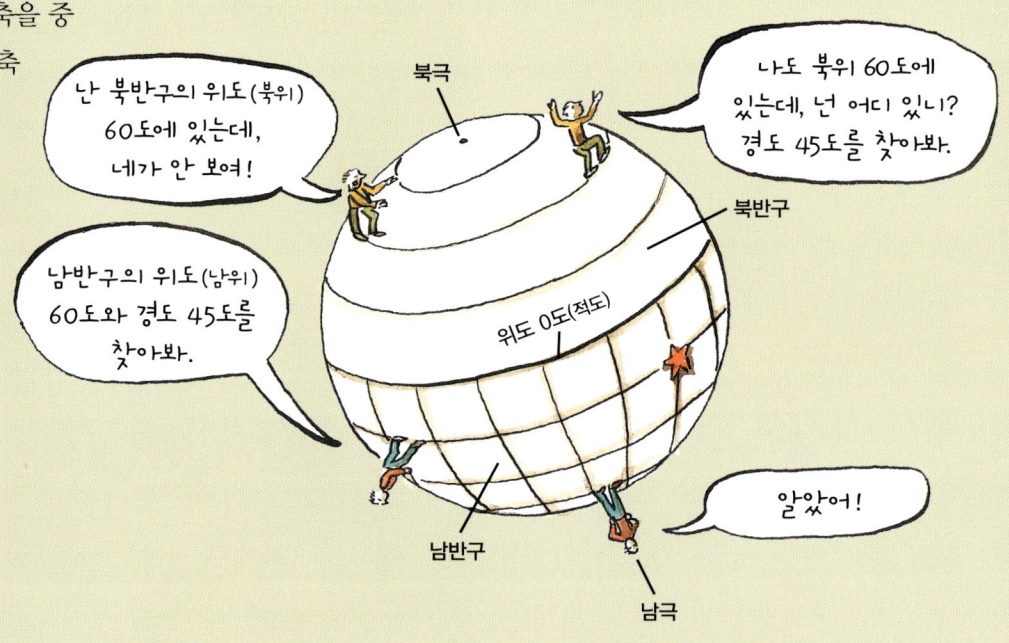

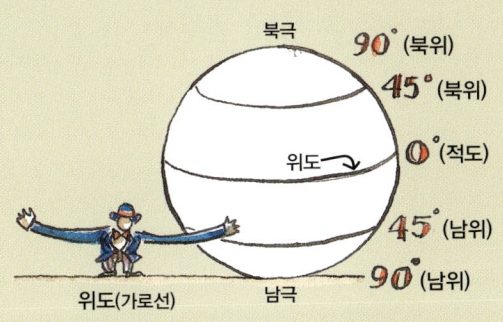
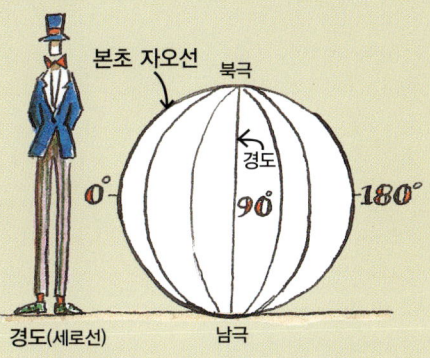

본초 자오선

본초 자오선은 경도 0도예요. 본초 자오선을 기준으로 서쪽으로 1도에서 180도까지를 서경이라 표시하고, 이곳의 범위를 서반구라고 해요. 아메리카 대륙과 유럽 서쪽, 아프리카 서쪽 등이 서반구에 속해요.

본초 자오선에서 동쪽으로 1도에서 180도까지를 동경이라 표시하고, 이곳의 범위를 동반구라고 해요. 동반구에 속한 대륙은 유럽과 아시아, 아프리카, 오스트레일리아 등이에요. 동반구는 서반구보다 육지 면적도 더 넓고, 나라와 인구도 더 많아요.

난 위도를 알아요!

누가 적도와 수평이 되도록 각각 거리가 똑같이 떨어진 가로선들을 그렸다고 상상해 봐요. 이 선들을 **위도**를 표현하는 위선이라고 해요. 위도는 어떤 장소가 적도에서 남쪽이나 북쪽으로 얼마나 떨어져 있는지를 나타내요. 위도는 적도에서 북위 90도와 남위 90도까지의 거리로 측정하지요.

적도는 위도가 0도예요.
북극은 위도가 북위 90도예요.
남극은 위도가 남위 90도예요.

누가 여러분에게 북위 10도에 보물을 숨겼다고 말했어요. 여러분은 보물을 찾고 싶어서 적도를 찾은 뒤 거기부터 북쪽으로 10개의 선을 세었어요. 하지만 북위 10도 선은 지구를 빙 두르고 있어요. 마을은 그 선 위의 어느 곳엔가 있지요. 따라서 보물의 위치가 북위 10도인 것을 알게 됐다 해도 동쪽과 서쪽의 위치를 더 알아야 해요. 그럼 동쪽과 서쪽은 어떻게 알 수 있을까요?

그래서 경도가 필요해요

경도는 북극과 남극을 잇는 세로선이에요. 경도는 경선으로 표현해요. 경선은 항상 적도를 가르지만, 위도에 따라 경선의 간격은 같지 않아요. 경도는 **본초 자오선**이라고 하는 상상의 경선에서 동쪽이나 서쪽으로 얼마나 멀리 있는지 측정해요. 본초 자오선은 영국의 그리니치 천문대를 지나는 선이에요. 지구가 360도이기 때문에 경도는 360도를 사용해서 측정해요.

보물은 어디에 있을까요?

보물이 북위 10도와 서경 30도인 곳에 있다고 상상해 봐요. 여러분은 이미 북위 10도를 찾아보았어요. 이제 본초 자오선을 찾아서 서쪽으로 30도 움직여 보아요. 그곳이 바로 서경 30도인 곳이에요. 북위 10도와 서경 30도가 교차하는 지점이 바로 보물이 있는 곳이에요. (보물이 있는 곳은 바닷속 깊은 곳일 거예요. 잠수함을 타고 보물을 찾아보아요!)

유명한 곳의 좌표

에베레스트 산(네팔)
북위 27도, 동경 86도

그랜드캐니언(미국)
북위 36도, 서경 112도

대보초(오스트레일리아)
남위 18도, 동경 147도

타지마할(인도)
북위 27도, 동경 78도

에펠탑(프랑스)
북위 48도, 동경 2도

깜짝 수학 180° + 180° = 360°(0°)

적도

적도는 위도 0도예요. 적도를 기준으로 북쪽으로 1도에서 90도까지를 북위라 표시하고, 이곳의 범위를 북반구라고 해요. 아시아의 대부분과 아프리카의 3분의 2, 유럽과 북아메리카, 남아메리카 일부가 북반구에 있어요. 대부분 6월부터 8월까지가 여름이고, 12월부터 2월까지가 겨울이지요.

적도에서 남쪽으로 1도에서 90도까지를 남위라 표시하고, 이곳의 범위를 남반구라고 해요. 남반구는 북반구보다 육지도 적고, 인구도 매우 적어요. 계절도 북반구와 반대로 12월부터 2월까지가 여름이고, 6월부터 8월까지가 겨울이에요.

우리가 사는 곳의 시간은?

러분은 시간을 어떻게 측정하나요? 시간을 분으로 측정하는 사람, 날짜로 측정하는 사람, 계절과 해로 측정하는 사람들이 있을 거예요. 시계와 달력이 생기기 전에는 태양을 이용해서 시간의 흐름을 알아냈어요.

몇 시일까요?

낮 12시는 태양이 하늘에서 가장 높이 떠 있을 때예요. 그럼 여러분이 있는 곳이 낮 12시일 때 전 세계가 모두 낮 12시일까요? 아니에요. 지구는 늘 돌고 있기 때문에 미국의 로스앤젤레스 시민이 잠자리에 들려고 할 때 영국의 런던 시민은 하나둘씩 잠자리에서 일어나요.

1884년 세계는 **국제 표준 시간**을 만들기로 결정했어요. 그전에는 하늘을 보고 태양의 위치를 알아내서 시간을 추측했지요. 실제 시간은 오후 5시 30분이지만 오후 6시라고 생각하고 조금 일찍 저녁을 먹어도 그리 큰 문제가 없어요. 하지만 철도와 전신에서는 시간이 큰 문제가 되었어요. 사람들마다 시간을 다르게 추측하는 데다, 그것 때문에 일어날 수 있는 문제에는 대비하지 않아 철로에서 기차들이 충돌하기도 했거든요.

그래서 세계 각국의 대표자들이 미국의 수도 워싱턴 디시에서 회의를 열었어요. 그들은 세계를 24개 지역으로 나누었어요. 하루가 24시간인 것처럼 24개 지역을 각각 1시간으로 정해 세계를 24개의 시간대로 나눈 거예요. 이 시간대를 **표준 시간대**라고 해요. 지구가 1시간에 15도씩 돌기 때문에 각 표준 시간대는 15도씩 떨어져 있어요.

깜짝 수학 $360° ÷ 24 = 15°$

표준 시간대는 지구 표면에 닿는 태양의 위치와 관련이 있어요. 미국의 보스턴이 낮 12시일 때, 콜롬비아의 보고타는 훨씬 더 남쪽에 있는데도 똑같이 낮 12시예요. 두 도시의 경도가 같은 시간대에 있기 때문이지요. 표준 시간대는 위도와는 상관이 없어요. 로스앤젤레스와 뉴욕은 위도가 거의 같지만, 뉴욕이 오후 5시일 때 로스앤젤레스는 오후 2시

미국 로스앤젤레스 (일요일 오후 10시)

영국 런던 (월요일 오전 6시)

러시아 모스크바 (월요일 오전 9시)

베트남 하노이 (월요일 낮 1시)

미국 뉴욕 (월요일 오전 1시)

일본 도쿄 (월요일 오후 3시)

서 ← → 동

깜짝 수학 15° × 3 = 45°

예요. 왜 그럴까요? 로스앤젤레스가 뉴욕에서 서쪽으로 세 표준 시간대, 곧 경도로 45도 떨어져 있기 때문이에요.

어제가 월요일이었는데 어떻게 오늘이 또 월요일이 될 수 있나요?

여러분이 동쪽으로 세계 일주 여행을 한다고 생각해 봐요. 여러분은 출발했던 곳으로 되돌아올 때까지 계속 다른 표준 시간대를 지나게 될 거예요. 여러분은 다시 같은 날이 시작된다면 어떻게 할 건가요? 학교에서 같은 날이 되풀이된다고 상상해 봐요. 정말 끔찍하겠죠!

사람들은 하루가 끝나고 다른 날이 시작되는 곳이 어디인지 몰랐어요. 그래서 국제회의에 참석한 사람들은 본초 자오선(경도 0도) 정반대쪽에 있는, 자오선 180도가 되는 선을 **날짜 변경선**으로 정했어요. 날짜 변경선은 새로운 24시간의 하루가 시작되는 곳을 표시하기 위해 사용되는데, 그곳은 일요일이 월요일이 되는 곳이지요.

- 날짜 변경선에서 서쪽으로 갈수록 시간이 늦어요.
- 날짜 변경선에서 동쪽으로 갈수록 시간이 빨라요.
- 날짜 변경선 양쪽에 발을 딛고 서면 동시에 두 날짜에 서 있게 돼요.

날짜 변경선은 태평양을 통과하며, 한 나라의 시간대가 이틀로 나뉘지 않도록 러시아와 피지 제도 주변에서 지그재그로 나 있어요.

사계절

오스트레일리아 어린이들은 여름에 크리스마스를 맞이한다는 사실을 알고 있나요? 그래요. 산타 할아버지가 12월 24일 밤에 오스트레일리아 같은 남반구로 선물을 주러 갈 때는 빨간 털옷 대신 수영복을 입고 가야 해요. 표준 시간이 나라마다 다른 것처럼 계절도 지역마다 달라요.

북반구에서 여름은 6월, 7월, 8월이에요.
남반구에서 여름은 12월, 1월, 2월이에요.

지구가 살짝 기울어져서 계절이 생기는 거라고요!

지구는 축을 중심으로 기울어 있기 때문에 늘 한쪽으로 경사져 있어요. 지구가 23.5도 기울어 있기 때문에 태양 둘레를 돌 때 계절이 변하지요. 옆의 그림은 계절이 어떻게 변하는지 보여 줘요.

태양이 내뿜는 열의 양은 늘 같아요. 하지만 지구가 둥글어서 적도에서는 좁은 면적을 달구기 때문에 기온이 높고, 극으로 가면서 넓은 면적을 달구기 때문에 극으로 갈수록 기온이 낮아져요. 그리고 6월에는 북반구가 태양을 향해 있기 때문에 태양은 북반구에 똑바로 비치게 되어 여름이 되고, 반대로 남반구는 6월에 햇볕이 적어져서 겨울이 되지요. 만약 지구가 기울어지지 않았다면 우리에게는 한 계절만 있을 거예요.

24시간이 지나면 나이를 하루 더 먹겠네.

손전등으로 태양을 만들어 봐요

빛이 환한 손전등을 찾아보아요. 이제 손전등은 태양의 역할을 할 거예요. 손전등을 갖고 어두운 방이나 옷장 속으로 들어가요. 손전등을 켜서 바닥 바로 위나 평평한 물체 위에 올려 보아요. 동그랗고 환한 빛의 원이 보일 거예요. 이제 손전등을 바닥에서 손전등 길이만큼 비스듬히 올려 보아요. 빛은 아까처럼 밝지 않아요. 왜 그럴까요? 태양이 지구에 비스듬히 비칠 때처럼 빛이 더 넓은 면적을 비추기 때문이에요.

지도 이야기

도는 온갖 이야기를 담고 있어요. 전쟁의 승패, 발견한 육지, 다녀왔거나 가려고 계획한 여행지, 심지어 질병이 퍼진 곳 등 온갖 활동으로 가득 찬 이야기를 말예요.

최초의 지도는 석기 시대 사람들이 막대기나 돌로 흙을 파서 그렸어요. 지도에는 산, 강, 나무 같은 것이 기호로 이용돼요. 그런데 비가 와서 지도가 지워지면 어떤 일이 일어났을까요? 또는 지도를 그려 놓은 곳에서 목적지까지 반쯤 걸어갔는데 털북숭이 매머드가 나타났을 때, 동쪽으로 도망가야 할지 서쪽으로 도망가야 할지 기억나지 않으면 어떻게 했을까요?

사람들은 곧 다른 재료를 이용해서 갖고 다닐 수 있는 지도를 만들어 냈어요. 지도는 오랜 세월에 걸쳐서 햇볕에 단단하게 굳은 진흙판에 파고, 석판에 조각하고, 동물 가죽에 열매의 즙으로 그리고, 비단에 그리고, 갈대를 엮어서 만들고, 종이에 그리고, 컴퓨터에 저장되었어요.

집으로 돌아갈 때 빵 부스러기의 흔적을 따라가는 것보다 지도를 이용하는 게 더 좋다는 것을 알게 되자 사람들은 지도 만들기에 빠져들었어요. 지도 만드는 사람을 지도 제작자라고 해요. 지도 제작자들은 지도에서 전 세계의 강수량을 비롯해 화산이 있는 곳과 초콜릿 아이스크림이 가장 인기 있는 곳까지 거의 모든 것을 보여 줘요. 아래에 나오는 지도들은 가장 널리 알려진 지도예요.

정치 지도
나라, 주요 도시

• 정치 지도는 세계 여러 나라와 각 지역의 경계를 보여 주는 지도예요.

자연 지도
해발 고도

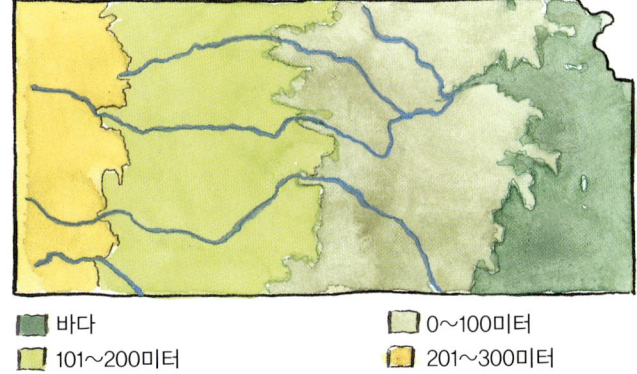

■ 바다　　　　　□ 0~100미터
■ 101~200미터　□ 201~300미터

• 자연 지도는 산과 강, 사막, 평원 등과 같은 땅의 모양과 자연 환경을 나타내는 지도예요. 자연 지도에는 지형도라고도 알려진 기복도가 있는데, 표면을 울퉁불퉁하게 만들어서 육지가 얼마나 높고 낮은지를 알 수 있어요.

주제도
1960년부터 2007년까지 캔자스 주에 토네이도가 발생한 횟수

■ 0~30회　　■ 31~60회　　■ 61~90회

• 주제도는 기후·인구·종교·언어 분포도 같은 특별한 정보를 알려 주는 지도예요.

지도를 읽어 볼까요?

여러분에게 멋진 연주회를 맨 앞줄에서 볼 수 있는 입장권이 생겼어요. 그런데 하필 연주회가 열리는 곳이 여러분이 한 번도 가 본 적이 없는 곳이에요. 어떻게 가야 할까요?

그곳에 가려면 세 가지 방법이 있어요. 첫째는 거리를 돌아다니다가 운 좋게 열광하는 팬들이 모여 있는 줄을 만나는 거예요. 둘째는 누군가에게 그곳으로 가는 방향을 물어보는 거예요. 마지막은 지도를 보는 거예요. 여러분이 꼭 연주회에 가고 싶다면 세 가지 방법 중에 지도를 보는 것이 가장 안전하고 확실한 방법이에요.

기호는 지도의 암호예요. 주요 건물이나 시설 등이 어디에 있는지 보여 주는 간단한 그림이지요. 지도에 많은 것을 그려 넣을 공간이 없기 때문에 기호가 사용되는 거예요. 지도 옆에는 각각의 기호가 무엇을 뜻하는지 알려 주는 '일러두기'가 있어요.

지도에 보이는 지역은 실제보다 훨씬 작아요. 실제 거리를 일정한 비율로 줄여서 그렸기 때문이에요. 이것을 **축척**이라고 해요. 예를 들어 '축척 5만분의 1 지도'라고 하면 실제 거리를 5만분의 1로 줄인 지도를 말해요. 곧 실제 거리가 5만 센티미터(500미터)이면 지도상의 거리는 1센티미터가 되는 거지요.

여러분의 집을 인형의 집으로 축소해서 만들어 보는 것도 축척을 이해하는 데 도움이 될 거예요. 여러분의 침실 길이가 300센티미터이고 축척이 10분의 1이라고 하면 인형의 집 침실 길이를 30센티미터로 만들면 돼요. 곧 인형 집의 1센티미터가 여러분 침실의 10센티미터에 해당하는 거지요.

축척은 비례식이나 막대식, 분수식으로 나타내요. 분수에서 분모(큰 수)는 얼마의 비율로 줄였는지를 나타내요.

기호 추측해 보기
① ② ③ ④ ⑤ ⑥ ⑦
(정답: 아래)

지도 기호 보는 법

1:1 또는 $\frac{1}{1}$
실제 침실(가로 300cm)
1cm = 1cm

1:10 또는 $\frac{1}{10}$
인형의 집 침실(가로 30cm)
1cm = 10cm

1:30 또는 $\frac{1}{30}$
쥐의 집 침실(가로 10cm)
1cm = 30cm

깜짝 수학 300 ÷ 10 = 30

① 테마파크 ② 주차장 ③ 박물관 ④ 는들 ⑤ 우체국 ⑥ 숲 ⑦ 병원

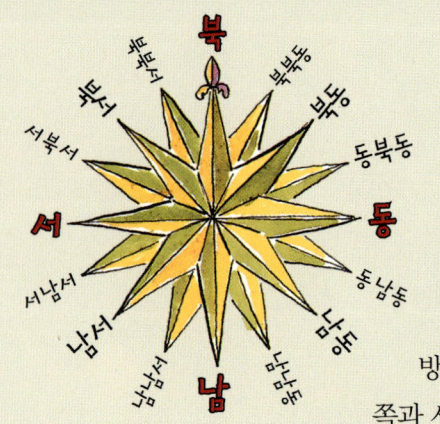

지도를 보면 **나침반** 표시가 나올 거예요. 오래전에는 나침반의 끝을 뾰족하게 그려서 그 모양이 마치 꽃처럼 보였어요. 나침반은 동서남북의 네 기본 방위를 보여 줘요. 기본 방위 사이에는 중간 방위가 있어요. 남쪽과 서쪽의 중간 방위는 남서쪽이라고 해요. 남쪽과 동쪽의 중간 방위는 남동쪽이라 하고요. 대부분의 지도는 북쪽을 위에, 남쪽을 아래에 그려요. 하지만 북쪽이 반드시 위에 있어야 할 이유는 없어요. 세계 지도를 거꾸로 놓아 봐요. 좀 이상해 보이긴 하겠지만, 지도는 여전히 정확해요.

열기구에서 인공위성까지

지도는 보통 어떤 지역을 위에서 내려다본 모습을 띠고 있어요. 1700년대와 1800년대에 지도 제작자들은 산과 강, 그리고 해안선을 더 잘 보려고 열기구를 타고 위로 올라갔어요. 1900년대에는 비행기를 타고 갔고요. 1950년에 들어서는 사진기를 이용하기 시작하면서 지도를 제작하는 데 항공 사진이 매우 중요해졌어요.

1950년대 후반에는 인공위성이 수백 킬로미터나 떨어진 대기권 밖 우주 공간으로 나가서, 믿을 수 없을 정도로 자세하게 지구를 보여 주는 사진을 찍었어요. 인공위성 사진은 열대 우림이나 북극처럼 사람이 가기 힘든 곳을 지도로 만들 때 아주 좋아요.

말하는 지도

부모님 자동차에 말하는 지도가 있나요? 그것은 지피에스(GPS: 인공위성을 통해 위치를 확인할 수 있는 시스템) 수신기 가운데 하나로, 흔히들 내비게이션이라고 하지요. 내비게이션은 원하는 곳을 아주 쉽게 찾아 줘요. 지구 위의 궤도에 있는 지피에스 위성 수십 개가 각자 자기 길을 따라 지구 주위를 돌면서 지구로 무선 신호를 내려보내요. 그 신호는 음악을 내보내는 라디오의 전파가 아니라 윙윙대는 소음과 더 비슷해요. 지피에스 수신기는 최소한 4개의 다른 인공위성에서 보내는 신호를 잡은 뒤 바로 여러분이 있는 정확한 위치를 분석해서 다음에 어디로 가야 할지 말해 주지요.

내비게이션으로 길 찾기

여러분의 가족이 자동차를 타고 친척 집에 가기로 했어요. 십 년 전이라면 엄마나 아빠가 탁자에 커다란 지도를 펼쳐 놓고 그 위에 펜으로 운전할 길을 표시했을 거예요. 하지만 요즘에는 내비게이션에 접속해서 친척 집에 가는 길을 금방 알아낼 수 있어요.

내비게이션이 어떻게 친척 집에 가는 방법을 알까요? 내비게이션은 가장 먼저 위도와 경도 좌표에 출발지와 목적지를 옮겨 놓아요. 그런 다음 여러분 집에서 친척 집까지 운전해서 갈 수 있는 길을 모두 보여 줘요. 여러 가지 길을 검색해서 얼마나 빨리 갈 수 있는지, 가는 길에 커브 길과 교통 신호는 얼마나 되는지 알아내서 가장 빠르고 가장 가까운 길을 골라 주지요. 정말 놀랍지요!

지도를 만들어 볼까!

여러분 반에 전학 온 친구가 있어요. 공부가 끝나면 함께 놀려고 그 친구를 집에 초대했어요. 그런데 하필이면 그날 치과에 가야 해서 엄마가 여러분을 일찍 데리러 왔어요. 전학 온 친구는 학교에서 여러분 집까지 혼자서 걸어가야 하는데, 길을 전혀 몰라요. 그 친구는 어떻게 여러분의 집을 찾아갈 수 있을까요? 여러분은 친구에게 지도를 그려 주면 좋겠다는 생각이 들었어요. 그럼 이제 지도를 그려 볼까요?

1. 아무것도 쓰여 있지 않은 종이를 한 장 꺼내요. 이제 비행기를 타고 하늘을 날며 여러분이 사는 동네를 내려다본다고 상상해 봐요. 뭐가 보이나요? 종이 가운데에다 동네 중심에 무엇이 있는지 그려 보아요.

2. 먼저 여러분의 집을 그린 다음 학교를 그려요. 이 두 곳과 동네 중심의 거리를 서로 비교해서 그곳들의 위치를 정해요. 자를 이용하면 두 곳 사이의 모든 길을 제대로 그리는 데 도움이 될 거예요.

3. 학교와 집 사이에 눈에 띄는 건물이나 시설이 있는지 생각해 봐요. 근처에 우체국이나 은행, 가게나 공원 또는 소방서가 있나요? 기호를 이용해서 그곳들을 그려요.

4. 시내, 나무, 들 같은 자연 경계선이나 철도, 고속도로 같은 인공 경계선이 있으면 덧붙여요.

5. 여러분이 그려 놓은 기호의 뜻이 무엇인지 지도 아래쪽에 써 놓아요. 그리고 기본 방향을 나타내는 나침반을 그려요.

6. 이제 여러분이 그린 지도가 전학 온 친구를 여러분의 집까지 잘 안내해 줄 거예요.

오르막과 내리막

육지는 지구의 3분의 1도 안 돼요. 하지만 지구를 공부할 때 우리는 육지에 대해 많은 시간을 공부해요. 왜일까요? 간단히 말하면 우리가 육지에 살고 있기 때문이에요. 또 육지는 흥미진진한 구경거리예요. 지구 표면에는 높은 산, 낮은 계곡, 깊은 협곡, 거대한 빙하처럼 신비하고 놀라운 지형들이 있어요.

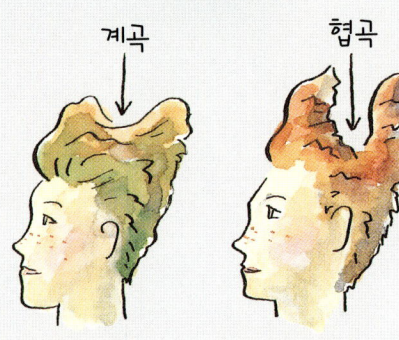

높이 올라가는 길

산은 육지에서 평지 위로 높이 솟아 있는 땅이에요. **산맥**은 산들이 연이어 있는 것을 말해요. 산과 산맥은 전 세계에 걸쳐 볼 수 있어요. 아시아의 히말라야 산맥에 있는 에베레스트 산은 세계에서 가장 높은 산으로, 높이가 8,848미터예요. 그 높이는 102층이나 되는 미국의 엠파이어 스테이트 빌딩 20채를 차곡차곡 쌓아 놓은 것과 같아요. 산 중에는 구름 속으로 높이 솟아서 산기슭은 따뜻한데 산꼭대기는 눈에 덮여 있는 산도 있어요.

고원은 산처럼 높은 지형이에요. 차이점은 정상의 모양과 관련이 있어요. 산의 정상은 경사가 급하고, 고원은 경사가 완만하고 평평해요. 그 형태를 사람의 머리 모양에 견주어 봐요. 산은 끝이 뾰족한 머리 모양, 고원은 꼭대기가 납작한 짧은 머리 모양이라고 상상하면 돼요.

아래로 깊이

산과 산 사이에 있는 낮은 땅을 **계곡**이라고 해요. 계곡 중에서 양옆이 매우 가파르고 폭이 좁은 계곡은 **협곡**이라고 하지요. 협곡은 바닥에 강이나 시내가 흐르기도 해요. 바람과 물이 땅을 침식할 때 계곡과 협곡이 만들어져요. 미국 애리조나 주에 있는 그랜드캐니언은 콜로라도 강이 수백만 년 동안 침식해서 만든 거대한 협곡이에요. 그랜드캐니언에서 가장 깊은 곳은 깊이가 1,600미터를 넘는대요.

얼음과 눈

흙이나 바위 또는 모래로 되어 있지 않은 지형들이 있어요. 예를 들면 **빙하**가 그래요. 빙하는 천천히 움직이는 얼음덩어리예요. 빙하는 여러 대륙에 있지만 대부분 극지방에 있어요.

빙하가 만들어지는 데는 수천 년이 걸렸어요. 같은 장소에 연거푸 눈이 내려 쌓이면, 먼저 내린 눈이 새로 내린 눈에 덮이면서 압력에 눌려 단단한 얼음이 돼요. 그 뒤에 다시 눈이 더 많이 내려서 두꺼운 빙하가 만들

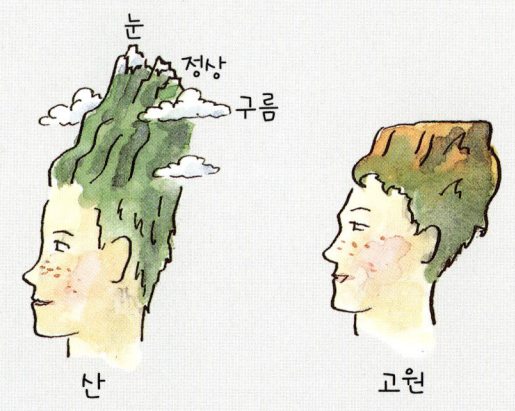

각 대륙에서 가장 높은 산

아시아 : 에베레스트 산(네팔), 8,848미터

남아메리카 : 아콩카과 산(아르헨티나), 6,960미터

북아메리카 : 매킨리 산(미국 알래스카 주), 6,194미터

아프리카 : 킬리만자로 산(탄자니아), 5,895미터

유럽 : 몽블랑 산(프랑스/이탈리아), 4,808미터

남극 : 빈슨매시프 산, 5,140미터

오스트레일리아 : 코지어스코 산(뉴사우스웨일스 주), 2,228미터

빙산이 녹을 때는 기포 때문에 얼음에서 쉬익쉬익 소리가 나요.

있다는 것도 제대로 느끼지 못해요. 예를 들어 비를 맞는 땅은 조금씩 부서지고, 부서진 것들은 빗물에 쓸려 다른 곳으로 옮겨져요. 이렇게 오랜 시간이 지나면 어떤 식으로든 땅 모양이 바뀌어요. 강한 바람과 흐르는 물에 닳기도 하고, 매끄러워지기도 하고, 새로운 모양이 되기도 해요.

여러분은 강바닥의 돌멩이를 하나 집어서 만져 본 적이 있나요? 돌멩이가 아주 매끄럽지 않았나요? 그건 물의 힘 때문에 돌멩이가 닳은 거예요. 바람이나 흐르는 물뿐만 아니라 사람들도 지형을 바꾸어 놓아요. 집을 짓거나 길을 만들려고 나무를 베거나 산을 깎는데, 바로 그 때문에 지형이 바뀌지요.

어졌어요. 아주 천천히 흐르는 강물처럼, 빙하는 중력과 두꺼운 얼음의 무게 때문에 천천히 움직여요. 바다로 서서히 움직이는 빙하의 조각을 **빙산**이라고 해요.

지형의 변화

모든 지형은 끊임없이 변하고 있어요. 변화가 일어나는 까닭은 대륙의 이동과 기후, 그리고 사람들 때문이에요. 대부분의 변화가 너무 느리게 진행되기 때문에 우리는 변화가

가장 큰 빙하

세계에서 가장 큰 빙하는 남극에 있는 램버트 빙하예요. 길이가 무려 400킬로미터나 되고, 폭은 40~60킬로미터나 돼요. 길이가 미국의 메인 주와 같다니, 빙하가 얼마나 큰지 짐작할 수 있겠지요?

눈에 보이는 게 전부가 아니에요

북극해의 빙산은 거의 90퍼센트가 물속에 숨겨져 있어요. 위로 솟아 있어서 우리가 볼 수 있는 빙산은 겨우 10퍼센트밖에 안 돼요. 그래서 사람들은 아주 작은 부분밖에 보이지 않는 것을 말할 때 '빙산의 일각'이라고 표현해요.

배를 타고 항해하는 선원들에게 바다에 떠 있는 빙산은 매우 위험해요. 1912년에 타이태닉호라는 거대한 배가 빙산과 충돌했는데, 선체에 구멍이 나서 결국 침몰하고 말았지요. 그 뒤로 사고가 일어나지 않도록 특별히 빙산을 감시하는 국제 순찰대가 생겨났어요.

흐름을 따라서

여러분은 물에 대해 무엇을 알고 있나요? 물이 액체라는 사실은 알 거예요. 그런데 생물의 80퍼센트가 물속에 산다는 사실은 알고 있나요?

물에는 두 종류가 있어요. 사람이 마실 수 있는 **민물**과 바닷물인 **짠물**이에요. 짠물은 대양과 바다에서 발견돼요. 지구의 육지는 7대륙으로 나뉘는데, 대양은 몇 개로 나뉠까요?

① 3개
② 4개
③ 5개
④ 7개

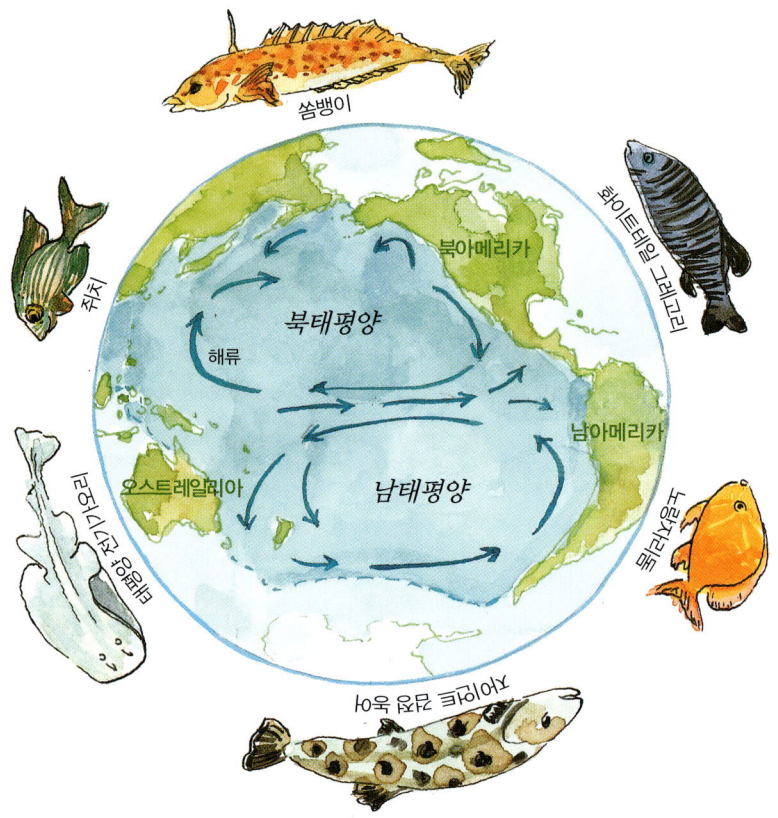

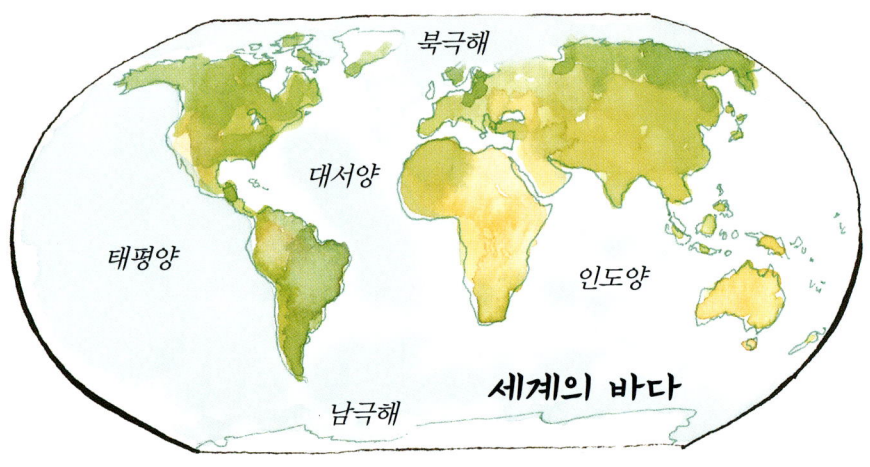

① ② ③ ④ 모두 정답이에요. 대양은 3대양, 4대양, 5대양, 7대양으로 구분할 수 있어요.

대양

- **3대양**: 태평양 · 대서양 · 인도양
- **4대양**: 태평양 · 대서양 · 인도양 · 북극해
- **5대양**: 태평양 · 대서양 · 인도양 · 북극해 · 남극해
- **7대양**: 북태평양 · 남태평양 · 북대서양 · 남대서양 · 인도양 · 북극해 · 남극해

4대양

태평양
- 세계에서 가장 크고 깊은 대양
- 넓이 약 1억 6,600만 제곱킬로미터
- 지구의 모든 육지를 합친 것보다 더 큼

대서양
- 두 번째로 큰 대양
- 넓이 약 8,600만 제곱킬로미터
- 좋은 어장이 많지만, 또한 많이 오염된 바다

인도양
- 세 번째로 큰 대양
- 넓이 약 7,300만 제곱킬로미터
- 5,000개 이상의 섬이 있음
- 90퍼센트가 남반구에 있음

북극해
- 가장 작은 대양
- 넓이 약 950만 제곱킬로미터
- 1년 내내 얼어 있음

바다에 대해 알아보기

- **대양**은 태평양·인도양·대서양처럼 넓은 해역을 차지하는 아주 큰 바다를 말해요.
- **만**은 바다가 육지 속으로 파고들어 온 곳이에요.
- **반도**는 삼면이 바다에 둘러싸인 땅이에요. 반도는 손가락이 무언가를 가리키고 있는 것처럼 보이기도 해요. 이탈리아와 한반도가 반도예요.
- **섬**은 대륙보다 작은 육지로, 바다로 완전히 둘러싸여 있어요.
- **제도**는 여러 섬들이 서로 가까이 있는 것을 말해요. 하와이의 섬들이 제도예요.

민물

사람과 식물은 민물이 없으면 살 수가 없어요. 그런데 지구의 물 가운데 97퍼센트는 짠 바닷물이에요. 그러니까 지구에 있는 물을 모두 2리터짜리 페트병에 담는다면, 한 숟가락의 물만 민물인 거예요! 바닷물은 마시거나 농사짓는 데 이용할 수가 없어요. 세계의 민물 중 많은 양이 빙하에 갇혀 있거나 땅속 깊은 곳에 있어요. 결국 지구의 민물 중에서도 1퍼센트만 실제로 사용할 수 있는 거지요.

민물은 빗물, 그리고 눈과 빙하가 녹은 물로, 강과 시내와 호수에 있어요. **강**은 산의 높은 곳에서 시작하여 호수나 바

소금을 만들어 봐요

바닷물이 증발하면 소금이 남아요. 증발한 바닷물은 대기 중에서 수증기가 되었다가 비가 되어 지구에 민물로 돌아오지요. 바닷물을 우리가 마실 수 있는 물로 만드는 과정을 담수화라고 해요. 그럼 이제 소금을 만들어 볼까요!

1. 민물 2컵($\frac{1}{2}$리터)에 소금 두 찻숟가락을 넣어 녹인 소금물을 만들어 놓아요.
2. 소금물을 커다랗고 평평한 용기에 부어요.
3. 용기를 바깥에 내놓고 햇볕을 쪼이거나 따뜻하고 건조한 장소에 놓아요.
4. 기다려요.
5. 조금 더 기다려 보아요. 물이 증발하려면 이틀쯤 기다려야 할 거예요.
6. 물이 모두 사라지면, 용기에는 소금만 남게 돼요.

민물
가장 긴 강: 나일 강 또는 아마존 강(77쪽 참조)
물이 가장 많은 강: 아마존 강(남아메리카)
가장 큰 호수: 카스피 해(유럽/아시아)
가장 차가운 호수: 보스토크 호(남극)

물 부족
유엔은 세계적으로 어림잡아 11억 명의 사람들이 깨끗한 물을 마시지 못하고 있다고 추측해요.

강과 호수

호수는 우묵하게 들어간 땅에 민물이 모인 곳이에요. 강과 호수는 서로 흘러 들어가고 나오고 하지요. 호수에서 시작하는 강도 있고, 호수에서 끝나는 강도 있어요. 규모가 매우 커서 파도가 이는 호수도 있고요. 깊이가 얕아서 바닥에 식물들이 자랄 수 있는 작은 호수는 **연못**이라고 해요.

다에 다다를 때까지 낮은 곳으로 흐르지요. 옛날에는 사람들이 농작물에 물을 주고, 기계를 움직일 동력을 얻고, 배를 타고 무역을 하기 위해 대부분 강가에서 살았어요. 강가에 세운 유명한 도시로는 런던, 뉴욕, 바그다드, 카이로, 파리, 상하이, 빈 등이 있어요.

물의 흐름

비가 내려요. 땅에 스며들지 않은 물은 도랑이나 시내로 흘러가요. 시내가 모여서 작은 강을 이루지요. 작은 강들이 모여서 중간 크기의 강으로 변하고요. 그런 다음 몇몇 중간 크기의 강들이 모여서 큰 강을 이루지요. 강은 높은 곳에서 낮은 곳으로 중력이 이끄는 방향대로 흘러요.

이럴 수가! 소금 호수도 있다고요?
호수는 대부분 민물 호수예요. 하지만 짠물 호수도 있어요. 미국 유타 주의 그레이트솔트 호와 캘리포니아 주의 솔턴 호, 그리고 케냐의 나쿠루 호가 짠물 호수랍니다.

다른 공간, 다른 장소

학자들은 지구를 몇 개의 생물계로 나누었어요. 생물계마다 자연환경이 달라서 각각의 생물계에는 고유한 식물과 동물이 살아요.

생물계는 대륙이나 나라와 관계없이 지구상에 널리 걸쳐 있으며, 모든 생물계가 독특해요. 생물계의 무언가가 변한다면, 예를 들어 어떤 식물이 그곳에서 자라지 않게 되면, 그 변화는 그 생물계에 사는 모든 생물에게 영향을 끼치게 돼요. 생물계를 가장 잘 이해하려면 여러분은 그곳의 기후를 알아야 해요.

기후

'날씨'와 '기후'는 같은 뜻이 아니에요.

날씨는 한 지역에서 날마다 달라지는 대기 상태(기상)를 말해요. 예를 들면 어제는 흐린 날씨였는데 오늘은 맑은 날씨 하는 식이지요.

기후는 한 지역에서 오랜 시간에 걸쳐 지속되어 온 평균적인 대기 상태를 말해요.

여러분이 살고 있는 기후가 어떤지는 기온과 강수량이 말해 줘요. 지구의 기후는 열대·건조·온대·냉대·한대 기후로 나뉘어요. 열대 지역은 1년 내내 뜨겁고, 건조 지역은 내리는 비나 눈의 양보다 증발되는 수증기의 양이 많아서 아주 메마른 곳이에요. 온대 지역은 1년에 걸쳐 더웠다가 추웠다가 하지요. 냉대 지역은 온대 지역보다 겨울이 더 춥고 길어요. 한대 지역은 1년 내내 몹시 추워요.

생물계

사막은 강수량이 아주 적은 지역이에요. 사막은 보통 1년 동안 내린 비의 양이 250밀리미터도 안 되는 곳이에요. 그래서 사막에서는 식물이 거의 자라지 못해요. 사막에 사는 동물들은 대부분 야행성으로, 몹시 뜨거운 낮에는 잠을 자고 시원한 밤에 움직이지요.

사하라 사막은 세계에서 가장 넓은 사막이에요. 북아프리카에 걸쳐 907만 제곱킬로미터에 이르며, 크기가 거의 미국과 맞먹어요. 사하라 사막은 기온도 몹시 높아서 섭씨 58도까지 올라간 적이 있어요. 모든 사막이 다 뜨거운 것은 아니지만 건조한 것은 똑같아요. 강수량보다 증발되는 수증기의 양이 더 많기 때문이에요.

기후대

한대 냉대 온대 건조 열대

온대림에는 낙엽수와 상록수가 있어요. 은행나무·단풍나무·떡갈나무·굴참나무 같은 낙엽수는 잎이 말라서 떨어지고, 소나무·전나무·사철나무·동백나무 같은 상록수는 잎이 늘 푸르러요. 잎이 넓은 나무는 활엽수라 하고, 잎이 뾰족한 나무는 침엽수라 해요.

온대림에는 주로 낙엽수가 많이 자라지만 침엽수도 섞여 자라서 혼합림을 이루어요. 온대림이 펼쳐진 온대 기후에는 사계절이 있어서 계절에 따라 나뭇잎의 색깔이 변해요.

침엽수는 주로 냉대 기후에서 많이 자라요. 냉대 기후의 겨울은 몹시 추워서 침엽수를 이룬 숲에는 동물들이 많이 살지 않아요.

열대 우림은 수많은 종류의 식물과 동물이 사는 아주 습한 숲이에요. 열대 우림에는 늘 비가 내리지요. (아하! 그래서 '열대 우림'이라고 하는 거군요!) 남아메리카의 아마존은 세계에서 가장 넓은 열대 우림 지역으로, 지구상의 어떤 곳보다 많은 종류의 식물과 동물이 살아요. 아마존은 또 전 세계 산소의 50퍼센트를 공급해요. 그런데 1970년대 이후 열대 우림의 60퍼센트가 길을 닦고 목장을 만들고 건물을 짓느라 잘려 나가거나 태워졌어요. 그건 좋은 일이 아니에요. 나무가 없어진다는 건 공기가 없어진다는 말이고, 그렇게 되면 동물과 사람도 살 수 없게 된다는 말이잖아요.

초원은 풀로 가득 차 있고 넓게 트인 지역이에요. 초원은 나무가 드물고, 종종 바람이 많이 불고, 건조해요. 열대 기후의 초원은 사바나라 하고, 온대 기후의 초원은 프레리, 건조 기후의 초원은 스텝이라고 해요. 사바나에는 줄기가 긴 풀과 키 작은 나무가 자라고, 프레리는 대초원으로 주로 밀과 옥수수가 재배돼요. 스텝은 나무가 없고 짧은 풀로 뒤덮인 곳이에요.

툰드라는 아주 추운 한대 기후로 북극 근처에 있어요. 툰드라의 땅은 대부분 얼어 있다가 여름엔 표면이 잠깐 녹아요. 여름이라 해도 기온이 10도 이하이기 때문에 여전히 춥지요. 그래서 이끼 종류의 풀은 많지만, 나무가 무성한 숲은 없어요.

기후대와 그곳에 사는 동물들

■ 툰드라(한대)
- 순록
- 펭귄
- 북극곰

■ 혼합림(온대)
- 곰
- 너구리
- 다람쥐

■ 사막(건조)
- 아르마딜로
- 캥거루
- 미어캣

■ 침엽수림(냉대)
- 말코손바닥사슴(무스)
- 스라소니
- 늑대

■ 초원(열대·건조·온대)
- 코끼리
- 기린
- 사자

■ 열대 우림(열대)
- 코브라
- 침팬지
- 고릴라

지구는 만원

지구에는 얼마나 많은 사람들이 살고 있을까요? 그 수를 알아맞혀 보세요. 여러분이 얼마나 가깝게 맞혔는지 볼까요?

지리학자들은 현재(2011년) 세계의 인구가 70억 명쯤 된다고 어림잡아요. 와, 정말 많은 사람들이 행성 하나를 함께 쓰고 있네요! 세계에는 1분마다 253명의 아기들이 태어나고 1분마다 100명의 사람들이 죽기 때문에 세계 인구는 늘 변해요. 1분마다 죽는 사람의 수보다 태어나는 사람의 수가 2.5배나 더 많아요. 유엔은 2050년 즈음이면 지구의 인구가 92억 명이 될 거라고 예상하고 있어요.

인구 증가 예상 그래프

세계화란 무엇일까요?

요즘엔 세계 여러 나라에서 일어나는 일을 곧바로 알 수 있어요. 인터넷에 접속해서 자기 나라에 없는 책이나 물건들을 살 수도 있고요. 해외에 나가서도 어느 곳에서나 자기 나라에 있는 가족들과 통화를 할 수 있지요. 국제 전화나 국제 탁송, 인터넷, 비행기가 있기 전에는 힘들었던 일이에요.

오늘날에는 시간이나 장소, 심지어 언어 차이도 크게 문제 되지 않아요. 세계의 사람들이 점점 더 가까워지고 있어요. 우리는 다른 문화에 대해 더 많이 알고 있고, 모든 곳에서 팔리는 상품(맥도날드, 나이키, 코카콜라 등)을 만들며, 국제적인 운동 경기를 생중계로 볼 수 있어요. 이렇게 전 세계가 하나로 연결되고 더불어 살아가는 것을 '세계화'라고 해요. 그럼 세계화란 좋은 걸까요? 세계화가 사람들을 덜 가난하게 하고 전쟁을 막아 준다고 말하는 사람들이 있어요. 반면 세계화가 나라마다 고유한 전통문화를 파괴하고 빈부 격차를 더 크게 한다고 생각하는 사람들도 있지요. 여러분 생각은 어떤가요?

이 많은 사람들이 어디에서 왔을까요?

세계의 인구수는 1650년대까지만 해도 약 5억 명으로 거의 변함이 없었어요. 그러던 것이 산업 혁명을 거치며 1850년에는 세계 인구가 2배 이상 늘어 약 12억 명이 되었어요. 그 뒤 의학, 건강, 식량 공급, 교육, 기계, 그리고 전체적인 생활 수준이 나아지자, 사람들은 더 오래 살게 되었지요. 어린아이들의 사망률은 크게 줄고, 사람들의 평균 수명은 크게 늘었어요. 그렇게 해서 계속 인구가 증가해 왔어요.

다들 어디서 사는 걸까요?

아시아는 인구가 가장 많은 대륙이에요. 세계 인구의 10명 중 6명이 아시아에 살고 있어요. 나라가 넓으면 사람들도 많이 살까요? 러시아와 캐나다는 가장 넓은 나라인데, 왜 인구가 많은 나라의 순위에 들지 못할까요? 그 이유는 바로 두 나라의 땅이 넓긴 해도 실제로는 사람들이 살고 싶어 하는 땅이 많지 않기 때문이에요. 그 땅은 몹시 춥거든요!

약 13억 6,000만 명
중국

약 11억 8,600만 명
인도

약 3억 800만 명
미국

약 2억 3,400만 명
인도네시아

지역 사회

사람들은 얼음으로 덮여 있는 남극 대륙을 제외하고 모든 대륙에 살고 있어요. 어떤 지역은 땅이 좁은데도 사람이 많이 살고, 어떤 지역은 땅이 넓은데도 사람이 적게 살아요. 어떤 지역의 땅 넓이와 그곳에 사람이 얼마나 살고 있는지를 비율로 나타낸 것을 **인구 밀도**라고 해요. 따라서 땅 면적에 비해 인구가 많으면 '인구 밀도가 높다'고 하고, 반대로 인구가 적으면 '인구 밀도가 낮다'고 하지요. 지역 사회는 인구 밀도에 기초해서 세 가지 형태로 나뉘어요.

농촌은 지방에 있어요. 경지가 넓고 건물들은 서로 멀리 떨어져 있지요. 농촌 인구는 대체로 적어요.

도시에는 인구가 가장 많아요. 세계 절반의 사람들이 도시에 살지요. 도시는 빌딩이 많고, 상공업이 발달한 번잡한 곳이에요.

도시 주변 지역은 대도시 바로 바깥쪽에 있는 작은 도시나 농촌 같은 곳이에요. 많은 사람들이 도시 주변 지역에 살면서 도시로 일하러 가요.

여러분은 어떤 지역 사회에 살고 있나요?

에너지와 자원

여러분이 한 친구를 저녁 식사에 데려왔어요. 엄마는 식탁에 자리 하나를 마련해 주었어요. 여러분이 저녁 식사에 반 친구들을 모두 데려왔어요. 엄마는 피곤했지만, 집에 있는 재료를 모두 모아서 반 친구들이 먹을 수 있는 음식을 만들었어요. 여러분이 전교생을 저녁 식사에 데려왔어요. 엄마는 충격을 받았어요. 집 안 식품 저장고에는 전교생이 먹을 만한 충분한 음식이 없어요. 그래서 아이들은 음식을 먹어도 배가 고파요.

우리를 둘러싼 환경은 일정한 수의 사람들을 위한 식량과 에너지를 생산할 수 있어요. 하지만 사람들이 너무 많으면, 어떤 동물과 식물은 다시 자라서 식량으로 사용될 때까지 충분한 시간이 없어서 멸종하고 말 거예요. 많은 지리학자들은 지구가 먹여 살릴 수 있는 최대 인구가 80억에서 110억 명이라고 추측해요. 어떻게 하면 지구를 보존할 수 있을까요?

우리 모두가 생활 방식을 바꾸어야 해요. 더 많이 보존하고 더 적게 소비해야 해요. 음식과 포장 용기, 옷과 장난감, 게임기와 전자 제품 등 여러분이 평소에 갖고 놀거나 쓰는 것, 그리고 여러분이 자동차와 버스를 타고 달린 시간을 한 번 생각해 봐요.

여러분이 사용하는 에너지와 자원, 그리고 생산물은 대부분 지구에서 나오는데, 그것들이 쓰레기가 되어 다시 지구에 버려지고 있어요. 사람들이 더 많은 음식, 더 많은 빌딩, 더 많은 것을 얻기 위해 숲과 바다, 열대 우림 같은 천연자원을 파괴하고 오염시키고 있어요. 이제 우리는 생산물을 재활용하고 쓰레기를 덜 만들어서 지구가 오랫동안 건강하게 유지될 수 있도록 노력해야 해요.

우리는 누구일까요?

늘 아침에 무엇을 먹었나요? 미국에서는 계란 프라이와 시리얼을 먹었을 거예요. 이스라엘에서는 오이와 토마토를 먹었을지도 몰라요. 오스트레일리아에서는 스파게티를 얹은 토스트를 먹었을 수도 있고요.

여러분이 먹는 음식과 인사 예절 같은 것은 여러분이 살고 있는 지역의 문화에서 비롯돼요. **문화**는 여러분의 생활 방식이에요. 온 세계 사람들은 모두 먹고 자고 대화를 하지만, 저마다 다른 음식을 먹고, 다른 모양의 집에서 자며, 다른 언어로 말해요. 이렇게 문화는 한 집단과 다른 집단을 구별 짓는 독특한 생활 방식이에요. 한 집단의 사람들은 음식과 집, 언어뿐 아니라 미술, 음악, 신화와 전설, 발명품, 의식, 신앙과 관습 같은 문화를 함께 나누지요.

문화는 배워서 익히는 거예요. 여러분은 다른 사람과 인사할 때 악수를 하거나 절하는 방법을 알고 태어났나요? 여러분은 태어나자마자 바로 영어나 독일어로 말할 줄 알았나

세계 여러 나라의 인사법

나라마다 인사하는 방법이 다른 것도 문화예요. 올바른 인사 방법은 없어요. 한 문화에서 친절하게 여겨지는 것이 다른 나라에서는 이따금 무례하거나 이상해 보이기도 하니까요. 그럼 나라마다 어떻게 인사하는지 알아볼까요?

벨기에: 양쪽 볼에 번갈아 가며 세 번 키스해요.

베냉: 젊은 사람들은 종종 악수하는 동안 손가락을 딱 소리 나게 꺾어요.

대한민국: 머리를 살짝 숙이고 "안녕하세요?"라고 인사해요.

일본: 허리까지 몸을 숙이고 절을 하며 인사해요.

인도: 힌두교를 믿는 사람들은 두 손을 가지런히 모으고 "나마스테."라고 인사해요.

모잠비크: 이 나라의 북부 지역에서는 많은 사람들이 "안녕하세요?"라고 말하기 전에 손바닥을 세 번 쳐요.

뉴질랜드: 뉴질랜드 원주민인 마오리 족은 "키오라!"라고 하면서 상대방과 코를  두 번 비벼요. 세 번 비비면 "나와 결혼해 주세요."라는 뜻이 되기 때문에 주의해야 한답니다!

소말리아: "좋은 아침이에요."라고 하는 대신 "밤새 안녕하셨어요?"라고 말해요.

태국: 기도하는 자세로 손을 가슴에 모아요. 손이 높이 올라갈수록 인사 나누는 상대방을 더 많이 존경한다는 뜻이에요. 그렇다고 아예 손을 머리 위로 올리면 무례한 행동이 되니까 조심해야 해요.

사우디아라비아: 악수를 한 뒤 양쪽 뺨에 키스를 해요.

아프리카: 아프리카 사막에 사는 마사이 족은 반갑다는 표시로 상대방의 얼굴에 침을 뱉어요. 아프리카는 물이 귀하기 때문에 수분을 함께 나누고 행운을 빈다는 뜻이래요.

미국: 상대방의 눈을 쳐다보면서 "헬로!"라고 말하며 악수를 해요.

생일 축하해요!

여러분에게 가장 좋은 기념일은 언제인가요? 물론 여러분의 생일이 겠죠! 생일은 세계에서 거의 모든 사람들이 축하하는 몇 안 되는 기념일 가운데 하나예요. 세계의 많은 어린이들은 생일에 대개 촛불을 켜고, 생일 노래를 듣고, 케이크를 먹지만, 나라마다 색다른 생일 문화 전통도 있어요.

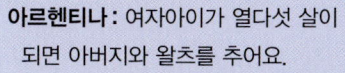

브라질: 생일을 맞은 아이의 귓불을 잡아당겨요.

아르헨티나: 여자아이가 열다섯 살이 되면 아버지와 왈츠를 추어요.

캐나다: 생일을 맞은 아이를 쫓아가서 붙잡으면, 그 아이의 코에 버터를 발라 행운을 빌어 줘요.

중국: 생일을 맞은 어린이는 점심에 국수 한 그릇을 대접받아요.

대한민국: 생일 아침에 밥과 미역국을 먹어요.

덴마크: 집 밖에 깃발을 매달아서 그 집에 생일을 맞은 사람이 있다고 알려요.

인도: 여자아이는 생일에 색깔 옷을 입고 학교에 가서 초콜릿을 나눠 줘요.

일본: 생일에 새 옷을 입어요.

멕시코: 종이 반죽으로 만든 인형 속에 사탕과 선물을 집어 넣어서 높은 곳에 걸어 놓고, 사탕과 선물이 떨어질 때까지 막대기로 계속 쳐요.

네팔: 행운을 빌어 주기 위해 요구르트에 물감을 섞어 아이의 이마에 발라요.

러시아: 많은 어린이들이 케이크 대신 생일 파이를 먹어요.

베트남: 모든 사람들의 생일은 '테트'라고 하는 설날에 축하해요.

요? 아니지요. 여러분은 가족이나 선생님 또는 이웃들에게 그런 것들을 배웠을 거예요. 문화는 그렇게 한 세대에서 다음 세대로 이어져요.

여러분의 문화는 주로 여러분이 살고 있거나 여러분의 부모님, 할머니와 할아버지, 증조할머니와 증조할아버지가 태어난 나라에서 시작됐어요. 여러분이 미국에서 태어났다면, 여러분의 문화는 미국적일 거예요. 그런데 여러분의 할머니와 할아버지가 아일랜드 출신인데 미국에 살면서 여전히 아일랜드 음식과 아일랜드 노래를 부른다면 어떨까요? 그러면 여러분은 두 번째 문화를 갖게 되고, 스스로를 아일랜드계 미국인이라고 부를 거예요.

오늘날에는 많은 사람들이 다른 나라에 이민 가 살면서도 자신의 고유한 문화 전통을 지키는 모습을 흔히 볼 수 있어요. 여러분은 어떤 문화권에서 살고 있나요?

2부
세계에 온 걸 환영해요
대륙

이제 육지와 바다로 둘러싸인 지구의 다양한 모습에 익숙해졌으니까 7대륙에 대해 자세히 살펴보기로 해요.

대륙은 광대한 땅덩어리를 말해요. 세계에서 가장 큰 섬인 그린란드(넓이 2,176km²)보다 더 큰 오스트레일리아부터 대륙으로 치지요. 남극도 비록 온통 얼음으로 뒤덮여 있지만 그 아래는 육지이기 때문에 대륙으로 구분해요. 그런데 참 이상하지요? 북아메리카와 남아메리카도 하나의 땅덩어리 아닌가요? 유럽도 아시아와 떨어져 있지 않고 바로 붙어 있어서 아시아의 일부처럼 보여요. 아프리카도 아시아 대륙과 붙어 있고요. 그런데도 이들을 각각 대륙으로 구분해요.

대륙을 구분하는 기준에는 지리적인 자연 경계뿐 아니라 정치, 경제, 사회, 문화 등 여러 가지 요인이 있어요. 그래서 시대와 나라에 따라 대륙을 구분하는 기준이 달라요. 아시

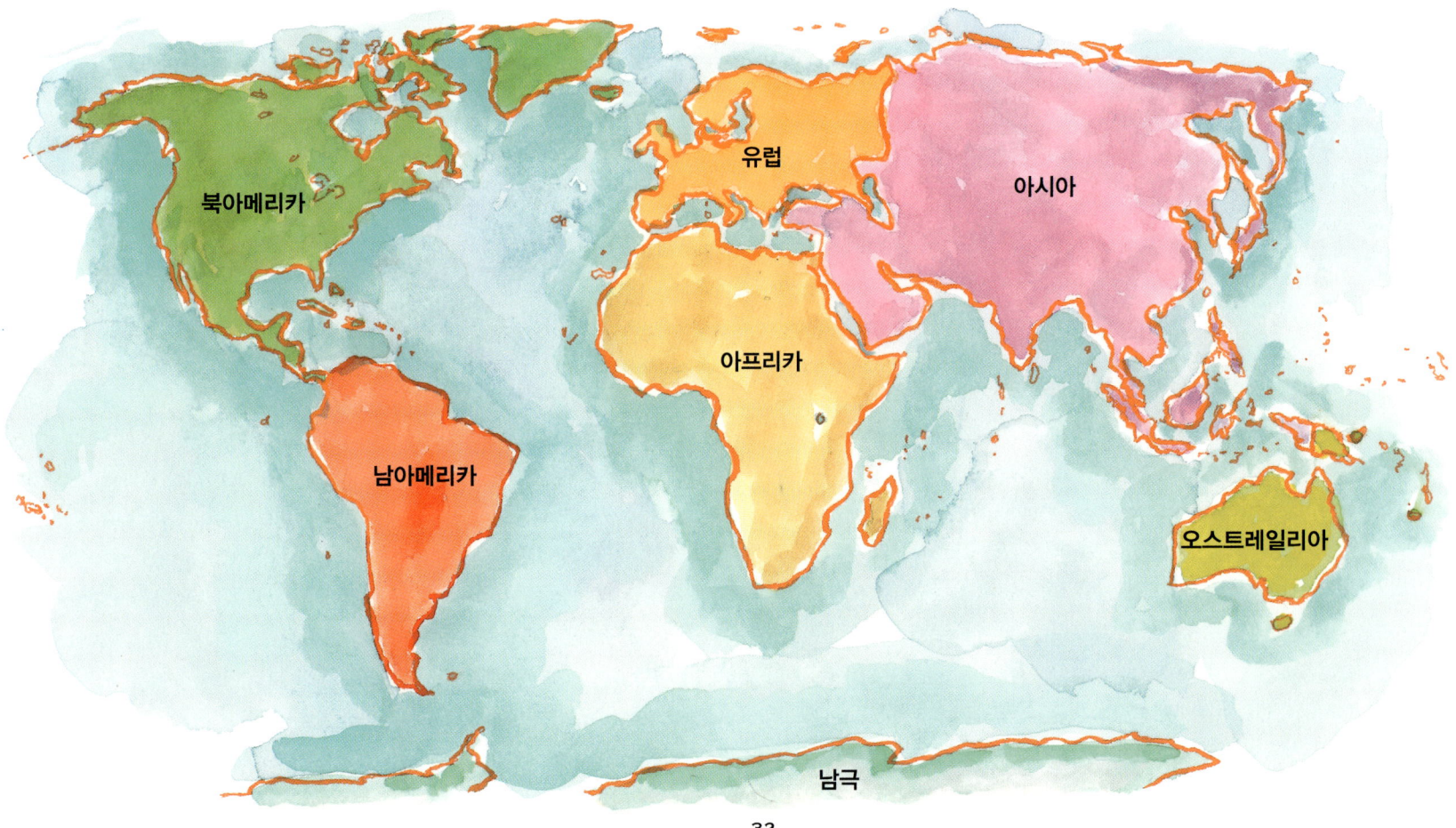

아·유럽·북아메리카·남아메리카·아프리카·오세아니아의 6대륙으로 나누기도 하지만, 아시아·유럽·북아메리카·남아메리카·아프리카·오스트레일리아·남극의 7대륙으로 나누기도 해요.

사람이 살지 않는 남극을 제외하고 모든 대륙에는 많은 국가가 있어요. **국가**는 주권을 가진 정부와 영토, 그리고 국민들로 이루어져 있어요. 주권을 가졌다는 것은 다른 나라의 지배를 받지 않는다는 뜻이지요. 현재 세계에는 200여 개의 독립 국가가 있어요.

국가처럼 보이지만 실제로는 독립 국가가 아닌 곳도 있어요. 그곳들을 **속령**이라고 해요. 예전에는 식민지라고 했지요. 정치적으로 완전한 독립을 이루지 못하고 더 강한 나라의 지배를 받고 있다는 뜻이에요.

세계에서 가장 큰 세 나라는 러시아, 캐나다, 미국이에요. 가장 작은 세 나라는 바티칸 시국, 모나코, 나우루고요.

도시는 모든 나라에서 찾아볼 수 있어요. 도시는 사람들과 회사가 아주 많은 지역이에요. 도시는 저마다 면적이나 인구 등 규모가 달라요. 미국의 뉴욕은 큰 도시 가운데 하나로, 매우 넓은 땅을 차지하고 있어요. 인도의 뭄바이는 인구가 약 1,400만 명으로 인구가 아주 많은 도시예요. 반면 아이슬란드에는 인구가 200명밖에 안 되는 아주 작은 도시도 있어요.

그 밖에 읍과 농촌, 어촌 같은 촌락이 있어요. 읍은 촌락보다 크지만 도시보다는 작아요.

경계선

지도를 보면 두 나라나 두 도시를 나누는 선이 있어요. 이 선을 **경계선**이라고 해요. 차를 타고 가다가 엄마가 "우린 방금 프랑스를 지나서 벨기에에 왔단다."라고 말했는데, 왜 거리에서 검은색 경계선을 못 봤을까요?

경계선에는 **자연적 경계선**과 **정치적 경계선**이 있어요.

- 자연적 경계선은 두 지역을 나누는 강, 바다, 산맥 같은 자연물이에요. 예를 들면 라인 강은 자연적으로 독일과 스위스를 나누어요.

자연적 경계선   정치적 경계선

- 정치적 경계선은 지도에만 있는 가상의 선으로, 서로 합의하거나 일방적으로 정한 거예요. 그래서 실제로는 눈에 보이지 않지요. 예를 들면 여러분이 형제끼리 다툴 때 엄마가 자동차 자리에 만들어 놓은 선 같은 거예요. 정치적 경계선에는 캐나다와 미국의 경계선이 있어요.

재미있는 도시 이름

지도에서 실제 이름을 찾아보아요!

- 미국 텍사스 주의 **루니빌**(미친 마을)
- 미국 노스캐롤라이나 주의 **부거타운**(코딱지 마을)
- 미국 캘리포니아 주의 **웜프**(겁쟁이)
- 미국 켄터키 주의 **디서포인트먼트**(실망)
- 미국 텍사스 주의 **베어 버텀**(곰 엉덩이)
- 영국 스코틀랜드의 **백사이드**(엉덩이)
- 덴마크의 **미들파트**(중간 방귀)
- 오스트레일리아의 **에그스 앤드 베이컨 베이**(달걀과 베이컨 만)
- 오스트레일리아의 **해트 헤드**(모자 머리)
- 캐나다의 **포크찹 포인트**(뽀족한 돼지고기 토막)
- 알바니아의 **푸커**(구토)

북아메리카

북아메리카는 세계에서 세 번째로 큰 대륙이지만, 오랫동안 다른 대륙에서는 이곳이 있는 줄도 몰랐어요. 이미 수많은 사람들이 북아메리카에 살고 있었는데도 그 사실을 아무도 몰랐던 거예요. 그래서 유럽의 탐험가들이 배를 타고 푸른 대양을 항해하다가 북아메리카를 발견했을 때 그곳을 '신세계'라고 불렀지요. 하지만 지금 북아메리카는 놀랄 정도로 크게 발전한 대륙이 되었어요.

북아메리카에는 캐나다, 미국, 멕시코, 중앙아메리카, 카리브 해의 섬들과 그린란드가 있어요. 대륙 동쪽에는 대서양이, 서쪽에는 태평양이 있어요. 로키 산맥은 세계에서 두 번째로 긴 산맥으로 총 길이가 약 4,500킬로미터나 돼요. 알래스카에서 캐나다를 지나 계속 남쪽으로 내달려 미국 서부를 통과해서 뉴멕시코 주까지 이르지요. 로키 산맥은 젊은 산맥이어서 눈이 덮인 봉우리는 뾰족하고 들쭉날쭉해요.

북아메리카는 이민자들이 건너가 정착한 곳이에요. 이민자는 본래 살던 나라를 떠나 다른 나라로 옮겨 가서 정착한 사람들을 말해요. 대부분의 이민자들은 자신과 가족을 위해 더 나은 삶의 기회와 자유를 찾아 유럽과 아시아에서 북아메리카로 갔지요.

하지만 모든 사람들이 스스로 원해서 그곳에 간 건 아니에요. 많은 아프리카 흑인 노예들은 1619년부터 1808년까지 미국으로 강제로 끌려갔거든요. 미국에서 노예 제도는 1865년에 이르러서야 없어졌어요.

아메리카라는 이름은 어떻게 지었을까요?

왜 미국을 아메리카라고 부를까요? 그 이유는 마르틴 발트제뮐러라는 독일의 지도 제작자 때문이에요. 그는 콜럼버스가 아시아에 간 것이 아니라 지도에 없는 지역을 발견했다고 말한 최초의 지도 제작자였어요. 1507년 발트제뮐러는 새로운 대륙을 보여 주는 지도를 만들면서, 콜럼버스 다음에 신대륙까지 항해한 이탈리아의 탐험가 아메리고 베스푸치를 기념하기 위해 그곳의 이름을 '아메리카'라고 지었어요. 신대륙에 가장 먼저 간 사람은 콜럼버스이지만, 그곳이 아시아가 아니라 '신대륙'이라는 사실을 깨달은 사람은 아메리고 베스푸치였기 때문이라는 거예요.

그 무렵에는 인쇄술이 발명된 뒤라 발트제뮐러의 지도는 인쇄되자마자 큰 인기를 끌었어요. 곧 온 유럽에 걸쳐 사람들은 신대륙을 '아메리카'라고 부르게 되었어요. 그런데 몇 년 뒤 발트제뮐러는 자기가 실수했다며 콜럼버스의 이름을 따서 신대륙 이름을 지어야 한다고 했어요. 하지만 이미 때는 늦었어요. 모두들 아메리카라는 이름에 익숙해져 있었거든요.

니냐호, 핀타호, 산타마리아호

'콜럼버세리카'라는 이름이 더 공정한데……

캐나다

캐나다는 북아메리카의 거의 반을 차지해요. 러시아에 이어 세계에서 두 번째로 큰 나라이지요. 이렇게 큰 나라의 이름이 '작은 마을'이라는 뜻의 카나타(Kanata)에서 유래했다니 재미있지요?

캐나다는 대서양·태평양·북극해의 세 대양에 둘러싸여 있어서 어떤 나라보다 해안선이 길어요. 세계에서 가장 긴 고속도로인 트랜스 캐나다 하이웨이도 있어요. 땅이 워낙 넓다 보니 지역에 따라 기후도 다르고 표준 시간대도 6개에나 걸쳐 있어요. 캐나다는 '호수의 나라'로 불릴 만큼 호수도 아주 많아요. (지도를 봐요. 곳곳에 호수가 정말 많지요!)

캐나다의 북쪽은 북극과 가까워서 몹시 추워요. 북부의 절반이 1년 중 9개월이나 눈과 얼음으로 덮여 있고 여름이 짧은 툰드라 지역이에요. 그래서 사람들이 거의 살지 않아요. 로키 산맥과 코스트 산맥이 뻗어 있는 서부 지역에는 울창한 숲과 목축장, 농장이 아주 많아요. 동부 지역에는 사탕단풍나무가 많아서 사탕단풍나무 수액으로 만든 시럽을 많이 생산해요. 미국과 국경을 맞댄 남부 지역에는 도시와 농경지가 많아서 가장 많은 사람들이 살고 있어요.

캐나다는 10개의 주와 3개의 준주로 이루어졌어요. 각 주에는 지방 정부가 있어요. 준주에는 지방 정부가 없고, 주에 견주어 인구도 적고 힘도 약해요.

캐나다는 옛날에 영국과 프랑스의 식민지였기 때문에 영국과 프랑스 문화가 어우러져 있어요. 언어도 영어와 프랑스 어를 쓰고 있지요. 캐나다에서 가장 넓은 퀘벡 주에는 프랑스계 주민이 많이 살고 있어서 프랑스 어를 많이 써요. 캐나다는 생계와 교육, 의료 등을 보장하는 사회 복지 제도가 잘되어 있어 세계에서 가장 살기 좋은 나라로 꼽혀요.

우드버펄로 국립공원은 캐나다에서 가장 큰 공원이에요. 이곳에는 세계에서 가장 큰 들소 떼가 살아요.

로건 산은 캐나다에서 가장 높은 산이에요(높이 6,050미터). 북아메리카에서는 매킨리 산에 이어 두 번째로 높아요.

브리티시컬럼비아 주에 있는 **휘슬러**는 인기 있는 스키 리조트 도시예요.

밴쿠버는 멋진 산이 있는 커다란 항구 도시예요.

캘거리는 오래된 카우보이 마을이에요. 이곳에서는 해마다 7월에 서부 개척 시대 카우보이의 전통을 살린 축제가 열려요.

캐나다에 대해 알아보기

- **주요 농산물**: 아마, 보리, 사탕무
- **토착 동물**: 비버, 캐나다기러기, 순록, 무스, 바다코끼리
- **주요 언어**: 영어, 프랑스 어
- **주요 기념일**: 캐나다 연방 기념일, 캐나다 원주민의 날, 세례자 요한의 날, 빅토리아 여왕 탄생 기념일
- **좋아하는 운동**: 아이스하키, 라크로스(하키와 비슷한 운동), 스키
- **좋아하는 음식**: 사탕단풍나무 시럽, 캐나다식 베이컨, 연어

왜 그린란드라고 했을까요?

그린란드는 세계에서 가장 큰 섬이지만 이름처럼 푸른 섬은 아니에요. 섬의 80퍼센트가 두꺼운 얼음에 덮여 있거든요. 그런데 왜 그린란드라고 했을까요? 그린이라고 한 것은 거짓 광고였어요. 982년 에릭 더 레드라는 바이킹이 아이슬란드에서 살인을 저질러 추방당할 위기에 놓이자 피신처를 찾다가 이 섬을 발견했어요. 그는 사람들이 그린란드로 이주해서 함께 살기를 바랐어요. 그래서 사람들을 불러들이기 위해 그곳을 그린란드라고 선전했지요. 하지만 사람들은 이곳에 왔다가 온통 얼음뿐인 것을 확인하고는 고향으로 되돌아갔어요.

오늘날에는 주로 그린란드의 남쪽과 서쪽 해안 작은 마을에 사람들이 살고 있지만, 그곳은 섬의 5퍼센트밖에 안 돼요. 그린란드는 덴마크의 지배를 받다가 1779년에 자치 지역이 되었고, 2008년에는 덴마크에서 경제와 사법권의 독립을 얻어 내며 완전한 독립을 향해 나아가고 있어요.

미국

미국의 정식 명칭은 아메리카 합중국이에요. 미국은 거대한 나라로 땅이 아주 넓기 때문에 더 작은 지역인 50개 주로 나뉘었어요. 각 주는 자체의 주법을 만들고, 자신의 주를 대표해 의견을 말하는 하원 의원을 중앙 정부에 보내요. 여러분의 학급에서 반을 대표하는 학생을 뽑는 것과 같지요.

미국은 북아메리카에 있어요. 사람들이 미국 본토라고 말할 때는 북쪽의 캐나다와 남쪽의 멕시코, 동쪽의 대서양과 서쪽의 태평양 사이에 있는 48개 주를 뜻해요. 나머지 2개 주인 알래스카와 하와이는 본토와 멀리 떨어져 있어요. 알래스카는 캐나다 북서쪽에 있고, 하와이는 북태평양에 있지요. 미국은 매우 넓어서 동부, 중부, 산악, 태평양(서부), 알래스카, 하와이 등 6개의 시간대가 지나요.

미국의 수도는 워싱턴 디시로, 버지니아 주와 메릴랜드 주 사이에 있는 포토맥 강 근처에 있어요. 디시(D.C.)는 컬럼비아(Columbia) 특별구(District)라는 뜻이지요. 미국을 세울 때 법을 만든 사람들이 나라의 수도를 다른 주와 분리하는 게 좋겠다고 합의했기 때문에, 워싱턴 디시는 주도 아니고 주에 속하지도 않아요.

미국은 민주주의 국가(국민이 선거권을 갖는다는 뜻이에요)이며, 4년마다 대통령을 뽑아요. 대통령은 백악관에 살지요. 미국은 영국의 식민지였는데, 1776년에 영국 연방으로부터 독립을 선언했어요.

알래스카 주와 하와이 주는 다른 48개 주와 붙어 있지 않아요!

미국에 대해 알아보기

주요 농산물 : 밀, 옥수수, 건초용 목초, 콩, 감자, 토마토, 면화

토착 동물 : 곰, 사슴, 늑대, 너구리, 프레리도그

주요 언어 : 영어, 에스파냐 어

주요 기념일 : 독립 기념일, 추수 감사절, 현충일, 마틴 루서 킹의 날

좋아하는 운동 : 야구, 미식축구, 농구

좋아하는 음식 : 사과파이, 햄버거, 핫도그, 프라이드치킨

미국의 상징

흰머리수리는 미국의 공식 상징이에요. 많은 사람들이 활짝 편 독수리의 날개가 자유를 상징한다고 생각했기 때문에 1782년에 국가 상징으로 선택되었어요. 미국을 세운 선조들 가운데 한 사람인 벤저민 프랭클린은 독수리 대신 칠면조가 국가 상징이 되길 바랐다는 이야기도 있어요.

벤저민 프랭클린이 원하던 대로 했다면 이런 동전 모양이 됐겠죠?

알래스카 주

태평양

하와이 주

미국 동부

미국 동부는 유럽 탐험가들이 처음으로 정착한 곳이고, 초기 13개의 식민지 주가 있던 곳이에요. 이곳에는 워싱턴 디시, 보스턴, 뉴욕, 필라델피아, 애틀랜타, 마이애미처럼 번잡한 대도시들이 많아요. 미국에서 가장 많은 사람들이 살고 있지요. 대기업을 비롯해 많은 기업들이 동부 해안에 자리 잡고 있어요.

미국 동부는 캐나다 옆에 위치한 북부의 메인 주에서 애팔래치아 산맥을 지나 남쪽으로 내려와 멕시코 만과 플로리다 해안까지 펼쳐져 있어요. 미국 북동부의 여러 주에는 낚시를 하고 바다가재를 잡을 수 있는 들쭉날쭉한 바위 해안과 아름다운 항구가 있어요. 남쪽 해안의 바닷가는 모래 해안으로 유명하지요.

미국 동부의 땅은 기름져서 농사짓기에 좋은데, 특히 채소와 과일 농사에 좋아요. 남부 주들과 북부 주들 사이에 남북 전쟁이 일어나기 전에는 플랜테이션이라는 큰 농장에서 면화를 대량으로 재배했기 때문에, 남쪽에 있는 주들을 흔히 '면화 주'라고 해요.

저지대가 많은 열대 기후의 플로리다 주와 미시시피 주, 그리고 앨라배마 주에는 습지와 후미가 많아요. 후미는 바다나 호수, 강의 물길이 육지 쪽으로 깊숙이 굽어 들어간 곳이에요.

보스턴은 '보스턴 차 사건'으로 유명해요. 미국이 영국의 식민지였던 1773년, 영국이 미국에 세금을 지나치게 많이 물리자 이에 반발한 미국 시민들이 보스턴 항구에 정박해 있던 영국 배를 습격해서 차 상자를 모조리 바다에 던져 버렸지요. 이 사건은 미국 독립 전쟁의 계기가 되었어요.

몽땅 가져가라구!

거대한 초고층 빌딩이 있는 **뉴욕**은 미국에서 가장 큰 도시이며, 세계 금융의 중심지예요. 세계 평화를 위해 일하는 국가들의 조직체인 유엔도 이곳에 있지요.

이민자들의 도시, 뉴욕

뉴욕은 마치 쇠붙이를 녹일 때 쓰는 도가니 같은 곳이에요. 뉴욕에는 여러 나라에서 온 아주 다양한 인종들이 한데 어우러져 살고 있거든요. 그래서 뉴욕을 '인종의 도가니'라고들 해요. 뉴욕의 인구 중 약 40퍼센트가 다른 나라에서 이민 온 사람들이거나 이민 자녀들이래요.

플로리다 주 남부에 있는 **에버글레이즈 국립공원**은 야생 동물 보호구예요. 이곳에는 민물악어와 바다악어, 그리고 멸종 위기에 놓인 플로리다 표범을 비롯해 수백 종의 식물과 동물이 살고 있어요.

추수 감사절

추수 감사절은 미국에서 가장 중요한 명절이에요. 미국에서는 해마다 11월 넷째 주 목요일에 추수 감사절을 지내지요. 추수 감사절은 1620년 신앙의 자유를 찾아 영국에서 신대륙 아메리카로 건너간 청교도들이 온갖 어려움을 겪으며 처음으로 농작물을 수확한 뒤, 하늘에 감사 예배를 드린 데서 유래해요. 오늘날에는 추수 감사절에 온 가족이 함께 모여서 칠면조 요리와 호박파이를 먹으며 즐거운 시간을 보내지요.

미국 중부

미국 중부는 미국 한가운데에 있어요. 이 지역에는 드넓은 초원이 펼쳐진 대평원이 자리 잡고 있어요. 땅도 기름져서 농사짓기에 아주 좋아요. 미국의 주요 농작물인 밀과 옥수수가 대부분 이곳에서 자라기 때문에 이 지역을 '빵 바구니'라고도 하지요.

미국의 중앙에는 미시시피 강과 미시시피 강의 지류인 미주리 강이 흘러요. 미시시피 강은 미국의 남북을 관통하는 긴 강으로, 큰 배가 쉴 새 없이 드나드는 가장 바쁜 강이에요. 미국은 미시시피 강을 기준으로 동부와 서부로 나뉘지요.

미국과 캐나다 국경 지대에는 다섯 개의 호수로 이루어진 5대호가 있어요. 세계 민물의 5분의 1을 차지할 만큼 커다란 호수들이지요. 슈피리어 호, 휴런 호, 미시간 호, 온타리오 호, 이리 호가 5대호예요. 미시간 호를 빼고는 모두 미국과 캐나다에 걸쳐 있어요. 5대호는 수로에 서로 연결되어 있고 모두 세인트로렌스 강으로 가서 대서양으로 흘러가요.

텍사스 주와 오클라호마 주의 넓은 초원은 소를 기르기에 좋은 곳이에요. 카우보이들이 대농장에서 소 떼를 몰지요. 이곳의 대농장에서는 농장마다 소를 수백 마리에서 수천 마리까지 키우고 있어요. 텍사스 주에서는 소뿐만 아니라 양도 미국에서 가장 많이 길러요. 이곳은 석유로도 유명해요. 텍사스 주에서 나는 석유는 미국에서 생산되는 석유 가운데 35퍼센트나 차지하지요. 석유의 원유를 퍼내는 샘인 유정과 석유 회사가 아주 많아요.

토네이도 길목

토네이도는 천둥, 번개와 함께 부는 거센 회오리바람이에요. 『오즈의 마법사』에서 도로시와 도로시의 집을 먼치킨 랜드로 날려 보낸 회오리바람 같은 거지요. 텍사스 주, 오클라호마 주, 캔자스 주, 네브래스카 주를 '토네이도 길목'이라고 하는데, 미국의 토네이도는 대부분 이 지역에서 발생해요. 이곳이 평지이기 때문에 북쪽의 캐나다에서 불어오는 차가운 공기와 남쪽의 멕시코 만에서 불어오는 따뜻한 공기가 충돌하면서 깔대기 모양의 무서운 바람기둥을 만들어요. 토네이도는 바람이 몹시 세어서 건물을 무너뜨리고 자동차를 날려 보내요.

미국 서부

미국 서부는 우뚝 솟은 산과 건조한 사막, 깊은 계곡, 그리고 거대한 나무들이 자라는 울창한 숲이 있는 광대한 세계예요. 이곳은 서부 개척 시대에 정착한 카우보이와 개척자들의 땅이랍니다.

미국 서부는 로키 산맥에서 태평양까지 이르는 곳으로, 미국에서 가장 넓은 땅을 포함하고 있어요. 로키 산맥은 총 길이가 4,500킬로미터에 이르는데, 가장 높은 봉우리는 콜로라도에 있어요. 태평양 연안에 있는 캐스케이드 산맥과 시에라네바다 산맥에는 위풍당당한 산들이 솟아 있어요. 캐스케이드 산맥은 화산 산맥이에요. 캐스케이드 산맥에 있는 세인트헬렌스 산에서는 30년 전 큰 화산 폭발이 일어났어요.

애리조나 주, 뉴멕시코 주, 네바다 주, 캘리포니아 주, 유타 주의 풍경은 점점 사막으로 바뀌고 있어요. 주요 사막으로는 모하비 사막과 소노라 사막이 있어요. 캘리포니아 남부에 있는 모하비 사막은 미국에서 가장 큰 사막인데, 이곳에는 북아메리카에서 가장 덥고 낮은 곳인 데스 밸리(죽음의 계곡)가 있어요.

미국 남서부는 한때 멕시코에 속해 있던 곳이기 때문에 건축과 음식에서 여전히 멕시코의 영향이 남아 있어요.

캘리포니아 주와 오리건 주, 워싱턴 주의 해안을 따라 자라는 거대한 삼나무와 세쿼이아는 서부의 아름다움을 더해 주지요. 삼나무는 92미터까지 자랄 수 있는데, 학교 버스 여덟 대의 길이와 같대요.

화산은 무엇일까요?

땅속 깊은 곳에는 높은 온도 때문에 바위가 녹아 액체 상태가 된 마그마가 있어요. 이 마그마나 가스 따위가 땅의 갈라진 틈을 통해서 터져 나와 만들어진 것이 화산이에요.

죽은 화산을 사화산, 잠시 쉬고 있는 화산을 휴화산, 지금 활동하고 있는 화산을 활화산이라고 해요. 세계에는 500곳이 넘는 활화산이 있어요. 환태평양 화산대는 태평양에 빙 둘러싸인 지역인데, 대부분의 활화산이 이곳에 있어요.

루이스와 클라크, 서부로 가다

1803년, 미국의 3대 대통령 토머스 제퍼슨은 프랑스로부터 미시시피 강 서쪽의 땅을 모두 사들였어요. 하지만 제퍼슨 대통령은 프랑스에 돈을 건네준 뒤 초조해졌어요. 자기가 방금 산 땅이 어떤 곳인지 전혀 몰랐기 때문이지요. 서부의 지도도 비어 있는 상태였어요. 그래서 제퍼슨 대통령은 자신의 개인 비서이며 군인이었던 메리웨더 루이스와 윌리엄 클라크를 파견해 서부 지역을 탐험하게 했어요.

루이스와 클라크는 30여 명으로 구성된 원정대와 사카자웨아라는 원주민 여성을 데려갔어요. 루이스와 클라크는 원주민 여성 덕분에 탐험 도중 만나는 부족의 추장들과 이야기할 수 있었지요. 루이스와 클라크는 미주리 주 세인트찰스에서 오리건 주의 해안선까지 탐험하고 돌아왔어요. 탐험 기간은 2년 넘게 걸렸고, 거리는 약 1만 2,800킬로미터나 되었어요.

클라크는 서부 지도를 140개나 만들었어요. 루이스와 클라크는 알려지지 않았던 300종의 식물과 동물, 그리고 로키 산맥과 50곳의 부족 원주민을 발견했어요. 북서부 길은 전혀 발견하지 못했지만, 제퍼슨 대통령은 자신이 꽤 많은 것을 얻었다는 사실을 깨달았지요.

멕시코

미국의 남쪽에 있는 멕시코는 무척 뜨겁고 건조한 사막부터 높은 고원 지대, 무더운 열대 우림 지역에 이르기까지 기후와 자연 경관이 다양한 나라예요. 북부 사막에는 선인장이 많이 자라고, 세계적으로 유명한 아름다운 해변도 있어요. 하늘 높이 치솟은 시에라마드레 산맥은 멕시코의 가운데를 관통하며 지나가지요.

멕시코는 31개 주와 수도인 멕시코시티로 이루어져 있어요. 멕시코 사람들은 멕시코시티를 비롯한 고원 지대에 가장 많이 살아요. 웬만한 산보다도 훨씬 높은 곳에 사람들이 몰려 사는 이유는 이곳의 기후가 온난하기 때문이에요. 북부의 사막 지역은 몹시 뜨겁고, 남부의 열대 우림 지역은 몹시 무더워서 살기가 힘들거든요.

멕시코는 고대 마야 문명과 아스테카 문명을 꽃피웠던 곳이에요. 그런 만큼 고대의 피라미드나 미술품 등 찬란한 문화유산을 고스란히 간직하고 있지요. 1500년대부터 300년 넘게 에스파냐의 지배를 받아서 에스파냐 문화도 함께 어우러져 있어요. 언어도 대부분 에스파냐 어를 쓰고 있고요.

허리케인은 무엇일까요?

허리케인은 거대하고 강력한 열대성 폭풍이에요. 허리케인의 최고 시속은 300킬로미터를 넘는다고 해요. 대서양의 멕시코 만에서 시작한 허리케인은 따뜻한 바다에 의해 폭풍의 힘이 더욱 강해져요. 허리케인은 강력한 폭풍 해일과 바람을 몰고 오기 때문에 큰 홍수가 나면 피해가 아주 커요! 허리케인이 몰려오는 시기는 대개 6월에서 11월 사이예요. 카리브 해는 종종 허리케인이 강타할 때 몰고 오는 바람과 비 때문에 많은 피해를 입어요. 1871년에는 허리케인이 카리브 해에 있는 그랜드케이먼 섬에 64차례나 불었대요.

시에라마드레 산맥

동시에라마드레 산맥

태평양

미국

멕시코

멕시코시티는 멕시코의 수도로, 약 2,000만 명이 살아요.

멕시코시티

아카풀코

아카풀코와 **칸쿤**은 해변이 무척 아름다워 휴양지로 인기가 좋아요.

과테말라의 **티칼**은 열대 우림 지역에 있는 고대 마야의 도시예요.

중앙아메리카에서 가장 남쪽에 있는 **파나마**의 해변에서는 한곳에서 일출과 일몰을 모두 볼 수 있어요.

죽은 사람들을 위한 축제

멕시코 사람들은 해마다 11월 1일과 2일에 걸쳐 '죽은 자의 날'이라는 전통 축제를 열어요. 사람들은 축제 동안 죽은 사람의 영혼이 세상에 다시 돌아오기를 기도하지요. 가족들은 무덤에 음식을 차려 놓고 사탕과 금잔화로 무덤을 장식해요. 설탕으로 만든 해골을 전시하기도 하고, 해골 모양의 빵도 굽고요. 여러분이 믿든 믿지 않든 이날은 멕시코 사람들이 죽은 가족을 기념하는 행복한 날이에요.

멕시코에 대해 알아보기

주요 농산물 : 옥수수, 아보카도, 콩, 밀, 칠레 고추

토착 동물 : 멕시코늑대, 퓨마, 코요테, 오셀롯(표범 비슷하게 생긴 야생 동물)

주요 언어 : 에스파냐 어

주요 기념일 : 부활절, 크리스마스, 멕시코 군대 전승 기념일, 독립 기념일, 세르반티노 축제(『돈키호테』를 쓴 세르반테스를 기리기 위해 시작된 축제), 죽은 자의 날

좋아하는 운동 : 축구, 투우

좋아하는 음식 : 타코(샌드위치의 일종), 구운 고추, 토르티야(빈대떡처럼 납작하게 구운 옥수수 빵)

중앙아메리카

중앙아메리카는 북아메리카와 남아메리카를 이어 주는 다리 역할을 해요. 유럽 사람들이 중앙아메리카로 건너오기 전에는 이곳에 아메리카 원주민들이 살았어요. 중앙아메리카도 에스파냐의 식민지였기 때문에 이곳에 사는 사람들 대부분은 지금도 여전히 에스파냐 어를 써요. 중앙아메리카에 속한 나라는 과테말라, 벨리즈, 온두라스, 엘살바도르, 니카라과, 코스타리카, 파나마 등이에요.

중앙아메리카에는 희귀한 동물과 식물들이 많이 살고 있어요. 니카라과의 보사와스 생물권 보호 지역은 세계적인 열대 우림 지역으로, 남아메리카에서는 아마존에 이어 두 번째로 크지요. 그리고 벨리즈 해안에는 화려한 색의 열대어들이 노니는 산호초가 있어요.

모래 해변에서 즐겁게 놀고 싶나요? 따뜻한 청록색 바다에서 헤엄치는 건 어때요? 그렇다면 카리브 해의 섬들이 여러분에게 딱 맞는 곳이에요!

카리브 해에는 7천 개가 넘는 섬들이 있어요. 이곳의 섬들을 서인도 제도라고도 해요. 1492년 신대륙을 찾아 이곳에 도달한 콜럼버스가 아메리카를 인도로 착각해서 이런 이름이 붙은 거예요. 카리브 해를 둘러싸고 있는 이곳의 섬들은 아름다운 모래 해변과 키 큰 야자나무로 유명하지요.

멕시코 만

쿠바는 카리브 해에서 가장 큰 섬나라예요. 열대성 기후라 일 년 내내 따뜻해서 언제든 해수욕을 즐길 수 있어요.

바하마 — 나소
아바나
쿠바

치첸이트사는 고대 마야 문명의 대표적인 유적지예요. 높이가 25미터나 되는 피라미드와 전사의 신전, 천문대 등이 있어요.

자메이카는 레게 음악이 태어난 곳이에요.

아이티 — 포르토프랭스
도미니카 공화국 — 산토도밍고
푸에르토리코(미국령)

자메이카 — 킹스턴

벨리즈 — 벨모판

시안카안 생물권 보호 지역에는 고래상어, 바다거북 등 세계에서 가장 다양한 해양 동물이 살고 있어요.

아이티는 프랑스의 지배를 받았기 때문에 아이티 사람들은 지금도 프랑스 어를 써요.

그레나다는 경치가 매우 아름다운 섬나라예요. 계피, 정향 같은 향료가 많이 나서 '향료의 섬'으로 알려져 있어요.

트리니다드 토바고는 쇠북으로 연주하는 칼립소 음악이 태어난 나라예요.

과테말라
케말라
온두라스
엘살바도르 — 테구시갈파
산살바도르
니카라과 — 마나과

카리브 해

벨리즈는 중앙아메리카에서 유일하게 영어를 쓰는 나라예요.

트리니다드 토바고

코스타리카 — 산호세
파나마 — 파나마

파나마 운하는 대서양과 태평양을 연결하는 인공 물길이에요. 1914년에 완성되어 미국이 관리해 오다가 1999년부터 파나마가 관리하고 있어요.

남아메리카

47

남아메리카

남아메리카는 세계에서 네 번째로 큰 대륙으로, 대부분 남반구에 위치하고 있어요. 그 거리는 적도에서 남극까지예요. 대륙의 동쪽 해안선은 대서양과 경계를 이루고, 서쪽 해안선은 태평양과 경계를 이루며, 북쪽 해안선 일부는 카리브 해와 경계를 이루지요. 남아메리카는 열대 우림 지역, 눈에 덮인 산들, 매우 건조한 사막, 에메랄드 광산, 그리고 고대 문명 유적지와 현대 도시로 이루어진 대륙이에요. 남아메리카에는 12개 나라와 프랑스에 딸린 기아나가 있어요.

남아메리카에는 세계에서 가장 긴 산맥인 안데스 산맥과 세계에서 가장 유량(물의 양)이 많은 아마존 강이 있어요. 이 두 곳 때문에 남아메리카의 풍경이 더욱 두드러져 보이지요.

안데스 산맥은 남아메리카의 서쪽 해안을 따라서 7,000킬로미터쯤 뻗어 있어요. 끊어지지 않고 계속 이어져 있는 이 산맥은 세계에서 가장 긴 산맥이에요. 또 아시아의 히말라야 산맥 다음으로 높은 산들이 많은 산맥이기도 하지요. 적도 주변에 있는 산기슭은 열대 기후를 보이지만, 산 정상은 눈에 덮여 있어요.

6,516킬로미터에 이르는 아마존 강은 페루의 안데스 산맥에서 시작해 남아메리카를 가로질러 대서양으로 흘러들어 가요. 아마존 강은 세계에서 가장 많은 물이 흐르며, 천 개가 넘는 지류가 있어요. 아마존의 열대 우림은 세계에서 가장 큰 열대 우림이에요. (오스트레일리아보다 더 커요!) 남아메리카 대륙 북부와 중앙에 넓게 자리하고 있지요.

잉카 문명은 유럽 인들이 오기 전까지 남아메리카에서 매우 발달한 문명이었어요. 잉카는 으리으리한 사원과 요새를 갖춘 제국이었지요. 하지만 남아메리카는 1500년대에 에스파냐와 포르투갈의 지배를 받았고, 1800년대에 이르러서야 대부분의 나라들이 독립했어요.

남아메리카에 대해 알아보기

주요 농산물: 바나나, 옥수수, 고구마, 토마토, 콩

토착 동물: 라마, 알파카, 사랑앵무새, 자이언트 뱀, 개미핥기

주요 언어: 에스파냐 어, 포르투갈 어

주요 기념일: 성 세바스티안 축제, 카니발, 국제 노동자의 날

좋아하는 운동: 축구, 권투, 경마

좋아하는 음식: 페이조아다(검은콩을 고기와 함께 끓인 브라질 음식), 둘세데레체(아르헨티나의 전통 디저트), 엠파나다(아르헨티나식 만두), 슈하스코(브라질의 꼬치구이), 세비체(페루의 해산물 요리)

칠레 북부에 있는 **아타카마 사막**은 지구에서 가장 건조한 곳이에요. 일 년 동안 비가 1밀리미터밖에 내리지 않을 때도 있어요. 3년 동안 비 한 방울 오지 않는 곳도 있어요.

파라과이의 국민은 대부분 아메리칸 인디언의 후손이에요. 농촌에 사는 사람들은 목축업을 많이 하는데, 소를 자그마치 900만 마리 넘게 기른대요.

파라과이

브라질

아순시온

칠레

아타카마 사막

안데스 산맥에 있는 **아콩카과 산**은 높이가 6,960미터로, 남아메리카에서 가장 높은 산이에요.

이구아수 폭포는 세계에서 가장 폭이 넓은 폭포예요.

4킬로미터

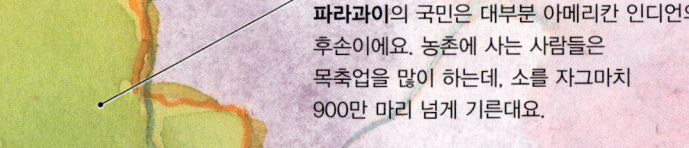

산티아고

아르헨티나

우루과이

파라나 강

우루과이 강

몬테비데오

부에노스아이레스

팜파스

우루과이에서는 양을 많이 길러요. 세계에서 두 번째로 양털을 많이 수출하지요.

태평양

대서양

안데스 산맥

남아메리카

파타고니아

드레이크 해협

아르헨티나의 수도 **부에노스아이레스**는 탱고의 본고장이에요.

남극

아르헨티나 남쪽에 있는 **모레노 빙하**는 남아메리카에서 가장 아름다운 빙하로, '하얀 거인'이라고도 불려요.

남아메리카와 남극을 나누는 **드레이크 해협**은 파도가 몹시 센 거친 바다예요.

티에라델푸에고는 세계 일주를 하던 마젤란이 원주민들이 태우는 불길을 보고 '불의 땅'이라는 뜻으로 섬 이름을 지었대요. 서쪽은 칠레, 동쪽은 아르헨티나 영토로 나뉘어 있어요.

칠레의 **푼타아레나스**는 세계에서 가장 남쪽에 있는 도시예요.

티에라델푸에고 섬

혼 곶은 남아메리카 대륙에서 가장 남쪽 끝에 있어요. 파도가 몹시 험해서 파나마 운하가 만들어지기 전까지는 이곳을 항해하던 수많은 뱃사람들이 목숨을 잃었어요.

오로지 남아메리카의 끝에서만 대서양과 태평양이 만나요.

혼 곶

남아메리카 남부

남아메리카 남부에 있는 나라들은 한때 에스파냐의 지배를 받았기 때문에 지금까지도 에스파냐의 영향이 많이 남아 있어요.

이곳의 자연은 거의 모두 극단적이에요. 지나치게 높은 산들, 심한 기온 변화(열대 파라과이에서 아르헨티나의 빙하까지), 그리고 끝없이 드넓은 평야 지역인 팜파스가 있어요. 팜파스는 우루과이와 아르헨티나에 펼쳐져 있는 대초원이에요. 전 세계의 레스토랑에서는 이 지역에서 생산되는 쇠고기를 손님에게 대접하고 있어요. 우루과이와 아르헨티나의 팜파스 목축장에서 가축을 돌보는 가우초는 미국의 카우보이 같은 사람들이에요.

아르헨티나 남부에 있는 파타고니아 사막에서는 좋은 울(양털로 짠 옷감)을 얻기 위해 양을 길러요. 파타고니아 사막은 열대의 사막만큼 뜨겁지는 않지만 매우 건조해요.

아르헨티나는 안데스 산맥이 벽 같은 역할을 해서 태평양을 비롯해 강과 시내에서 오는 모든 습기를 막아 주어 사막이 발달했어요. 이 때문에 아르헨티나의 서쪽은 습하고 동쪽은 건조해요.

판초 축제

아르헨티나 북서부에 있는 카타마르카 시는 유명한 판초 축제의 본고장이에요. 판초는 머리만 내밀어 입거나 어깨에 두르는 숄 같은 멕시코풍 망토예요. 양과 라마, 알파카 같은 동물에서 나오는 털실로 짜지요.

해마다 7월이면 남반구 대륙은 겨울이에요. 그래서 7월에 판초 축제가 열리면 전국에서 직물을 짜는 사람들이 모여들어 여러 가지 모양으로 짠 판초를 전시하고 팔아요.

이상한 섬

이스터 섬은 칠레에서 약 3,540킬로미터 떨어진 태평양 한복판에 있어요. 지구상에서 가장 외딴 곳에 있지요. 이스터 섬은 원래 라파누이(거룩한 땅이라는 뜻)라고 했는데, 1722년 네덜란드 선장이 부활절에 이곳에 상륙했다고 해서 이스터(부활절) 섬이라고 이름 지었대요.

이스터 섬은 침략자들에게서 섬을 보호하려는 듯 바닷가에 줄지어 서 있는 사람 얼굴 모양의 거대한 석상으로 아주 유명해요. 이 석상들을 '모아이'라고 해요. 모아이는 돌을 쪼아 만든 것인데, 높이가 보통 3.5~5.5미터나 되고 무게는 20톤이나 되는 어마어마한 석상이에요. 이스터 섬에는 이런 석상이 887개나 있어요.

그런데 아주 오래전 이 섬에 살았던 사람들이 왜 이렇게 많은 석상을 조각해서 어떻게 옮겼는지는 아무도 몰라요. 석상이 그들의 추장과 신의 영혼을 나타낸 것이라고 믿는 사람들도 있지만, 거대 석상 모아이는 아직도 풀리지 않은 수수께끼예요.

유럽

유럽은 두 번째로 작은 대륙이지만, 가장 복잡한 곳이에요. 작은 대륙에 나라가 무려 46개나 있어서 인구 밀도도 매우 높아요.

북반구에 위치해 있는 유럽은 대서양, 북극해, 노르웨이 해, 발트 해, 지중해와 경계를 맞대고 있어요. 만과 반도가 많아서 해안선이 들쭉날쭉하지요. 특히 노르웨이의 서부에는 빙하가 해안을 침식하면서 만들어진 피오르가 길게 펼쳐져 있어요. 우뚝 솟은 알프스 산맥은 대륙을 가로지르며 뻗어 있지요. 북극권 근처 북부 지역에는 큰 숲이 있고, 남부 지역에는 지중해를 따라 아름다운 바닷가가 있어요. 유럽은 사막이 없는 유일한 대륙이에요.

유럽은 아시아에 붙어 있어서 두 대륙을 아울러 '유라시아'라고도 해요. 우랄 산맥과 카스피 해가 두 대륙의 경계를 이루고 있어요. 바로 이 경계선이 러시아를 가르고 있어서 러시아는 유럽과 아시아 대륙 양쪽에 걸쳐 있지요. 그래서 경우에 따라 러시아를 유럽 또는 아시아 대륙에 포함시켜요. 러시아는 영토의 대부분이 아시아에 속해 있기 때문에 이 책에서는 러시아를 아시아에 포함시켰어요. 하지만 인종과 종교, 언어 같은 문화적인 면에서 보면, 러시아는 유럽과 가까워요.

유럽은 그리스·로마 문명이 시작된 곳이에요. 과학과 예술, 지리학 분야에서 중요한 발견과 발전이 일어난 곳이 유럽이기 때문에, 유럽은 흔히 '서구 문명의 탄생지'라고 일컬어지지요. 오늘날에도 이 작은 대륙은 문화가 아주 다양해요. 유럽에서 사용하는 언어도 50개가 넘기 때문에 유럽에서는 최소한 언어를 2개 이상 쓸 줄 아는 사람이 많아요.

스바이키(안녕)!
(라트비아 어)
라바디에나(안녕)!
(리투아니아 어)

봉주르(안녕)!
(프랑스 어)
알로(안녕)!
(브르타뉴 어)

유로란 무엇일까요?

유럽에는 아주 많은 나라들이 있지만, 작은 나라들이 많아서 나라와 나라 사이를 오가기가 쉬워요. 이 나라들은 수백 년 동안 각각 다른 돈을 사용해 왔기 때문에 껌처럼 작은 물건을 사려 해도 그때마다 방문하는 나라의 지폐나 동전으로 바꾸어야 했어요. 매번 돈을 바꾸려면 힘들고 비용도 들었어요. 그래서 2002년에 많은 유럽 나라들이 모여 유럽에서 공통으로 사용할 화폐를 만들었어요. 그것이 바로 유럽 연합의 공식 화폐인 '유로'예요.

현재(2011년) 유로는 유럽 연합국 가운데 17개 나라에서 쓰고 있어요. 영국, 덴마크, 스웨덴에서는 유로가 경제에 좋지 않은 영향을 끼칠까 봐 자기 나라만의 화폐를 쓰고 있지요.

그리스·로마 신화

여러분은 헤라, 아테나, 제우스, 아폴론 같은 올림퍼스의 신들과 헤라클레스, 오디세우스 같은 영웅들의 이야기를 읽거나 들어 본 적이 있을 거예요. 신들의 이야기는 고대 그리스에서 처음 시작되었어요. 그 뒤 그리스가 로마 제국에 흡수되면서 그리스 문화는 로마 문화에 많은 영향을 주었어요. 그래서 그리스 신화와 로마 신화는 신들의 이름만 다를 뿐 내용은 거의 같아요.

영국과 아일랜드

영국과 아일랜드는 유럽 대륙에서 떨어져 북서쪽에 자리하고 있는 섬나라예요. 두 나라 모두 기후는 온화하지만 언제나 비가 많이 오지요.

영국은 크게 그레이트브리튼 섬(잉글랜드, 스코틀랜드, 웨일스)과 아일랜드 섬 북동쪽에 있는 북아일랜드로 이루어졌어요. 그래서 영국의 공식 이름이 그레이트브리튼 북아일랜드 연합 왕국이에요. 영국에서 가장 인기 있는 스포츠는 축구인데, 연합 국가이기 때문에 월드컵 경기에 네 곳이 모두 출전해서 나라별 예선전을 치른대요.

북아일랜드는 영국의 일부이지만, 북아일랜드와 맞붙어 있는 아일랜드는 영국과 완전히 분리된 나라예요. 서로 어울릴 수 없는 두 종교(구교인 가톨릭과 신교인 개신교)를 믿는 국민들 때문에 두 나라로 갈라지게 된 거예요. 아일랜드는 원래 영국의 식민지였는데, 오랜 독립 투쟁 끝에 1921년 영국에서 독립했어요. 이때 신교도가 많은 북아일랜드는 영국 연방으로 남았지요.

영국의 5월제

영국의 시골 마을 어린이들은 5월 1일 노동절에 봄이 온 것을 축하하기 위해 장대에 매단 긴 리본을 잡고 장대 둘레를 돌며 춤을 춰요. 어린이들이 춤을 출 때 알록달록한 리본이 장대에 함께 엮이지요. 여자아이들은 꽃을 엮어 만든 화환을 머리에 써요.

영국은 근대 의회 민주주의의 발상지예요. 또 18세기에 산업 혁명이 시작된 곳이기도 해요. 산업 혁명으로 세계의 경제는 손으로 하던 수공업에서 벗어나 기계를 이용해 공장에서 대량 생산을 할 수 있게 되었어요. 산업 혁명의 결과 자본주의 경제가 확립되었지요.

영국 문화는 서구 문명에서 큰 위치를 차지해요. 『로미오와 줄리엣』으로 유명한 극작가 셰익스피어, 진화론의 선구자 다윈, 그리고 음악의 어머니 헨델이 영국 출신이지요.

아일랜드는 가톨릭 국가지만 종교의 자유를 인정하고 차별하지 않아요. 『걸리버 여행기』를 쓴 조너선 스위프트, 소설가이자 극작가인 오스카 와일드, 노벨 문학상을 받은 예이츠 등 훌륭한 작가들이 아일랜드 출신이에요.

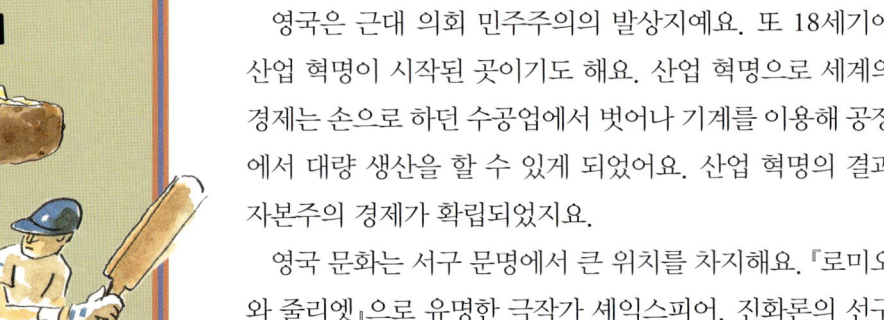

영국과 아일랜드에 대해 알아보기

- **주요 농산물**: 감자, 밀, 보리, 귀리, 사탕무
- **토착 동물**: 사슴, 여우, 고슴도치
- **주요 언어**: 영어, 게일 어, 웨일스 어
- **주요 기념일**: 노동절, 성 패트릭의 날, 복싱 데이, 여왕 생일
- **좋아하는 운동**: 크리켓, 럭비, 골프
- **좋아하는 음식**: 셰퍼드 파이, 쇼트 브레드(쿠키), 피시앤드칩스(생선과 감자를 각각 튀긴 요리)

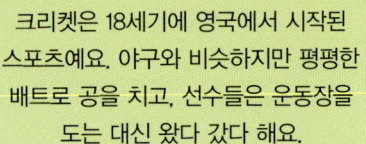

크리켓은 18세기에 영국에서 시작된 스포츠예요. 야구와 비슷하지만 평평한 배트로 공을 치고, 선수들은 운동장을 도는 대신 왔다 갔다 해요.

북유럽

북유럽의 덴마크, 노르웨이, 스웨덴, 아이슬란드, 핀란드는 유럽에서 가장 북쪽에 있는 나라들이에요. 북유럽은 덴마크, 핀란드, 스웨덴의 일부를 제외하고 대부분 산맥이 길게 뻗어 있는 산지예요. 북극 지역에 위치해서 여름에는 낮이 길고 겨울에는 밤이 길지요. 그래서 여름에는 밤에도 해가 지지 않는 백야 현상과 겨울에는 어두운 밤만 계속되는 극야 현상이 일어나요. 겨울에는 매우 춥지만, 여름에는 따스하고 화창해요.

북유럽 나라들은 국민 소득이 매우 높은 편이에요. 그래서 생활 수준이 높고 복지 시설도 잘 갖추어져 있으며, 교육 수준도 매우 높지요. 덴마크는 메마른 땅을 개척해서 목장을 만든 나라예요. 세계적으로 유명한 낙농업 국가지요. 노르웨이는 빙하의 침식 작용으로 피오르가 발달해 곳곳에 아름다운 협곡과 폭포, 호수가 많아요. 스웨덴은 국토의 3분의 2가 삼림 지대여서 임업과 광공업이 발달했지요. 핀란드는 호수가 많아서 '호수의 나라'라고 불러요. 섬나라인 아이슬란드는 전국에 아주 많은 온천이 흩어져 있어요.

북유럽에 대해 알아보기

- **주요 농산물**: 보리, 밀, 귀리, 감자, 순무
- **토착 동물**: 무스, 북극 순록, 북극 여우, 레밍(나그네쥐)
- **주요 언어**: 덴마크 어, 스웨덴 어, 노르웨이 어, 아이슬란드 어
- **주요 기념일**: 사순절, 부활절, 성 마틴의 날, 힐라리마스(스웨덴의 예수 공현일), 하지 축제
- **좋아하는 운동**: 크로스컨트리, 스키, 알파인 스키
- **좋아하는 음식**: 절인 청어, 훈제 연어, 월귤 잼

아이슬란드 – 레이캬비크

아이슬란드에 있는 **블루 라군**은 천연 온천이에요. 많은 사람들이 이곳에서 온천욕을 즐기지요.

아이슬란드의 수도 **레이캬비크**에서는 겨울에 눈을 녹이려고 사람이 다니는 길에 가열 코일을 설치해요.

피오르는 빙하의 침식으로 만들어진 U자 모양의 깊은 골짜기 사이로 바닷물이 들어차 생긴 좁고 긴 만이에요.

노르웨이의 **릴레함메르**는 주변의 산이 아름답고 스키 타기에 좋은 기후 조건을 갖추어 겨울 스포츠를 즐기는 사람들이 많이 찾아요.

핀란드에는 빙하기에 생긴 호수와 섬이 엄청나게 많아요. 호수는 약 18만 8,000개이고 섬은 18만 개나 돼요.

노르웨이의 수도 **오슬로**는 배를 많이 만드는 분주한 항구 도시예요.

핀란드의 수도 **헬싱키**는 유명한 항구 도시로, 경제와 문화의 중심지예요.

스웨덴의 수도 **스톡홀름**은 해마다 노벨상 시상식이 열리는 곳이에요.

덴마크의 수도 **코펜하겐**은 북유럽에서 가장 큰 도시예요. 코펜하겐에서는 대부분의 사람들이 자전거를 타고 다녀요.

스웨덴에서는 부활절에 어린이들이 미국의 핼러윈 축제와 비슷하게 괴상한 복장을 하고 집집마다 돌아다니며 사탕을 달라고 해요.

스칸디나비아 반도 / 노르웨이 / 스웨덴 / 핀란드 / 러시아 / 헬싱키 / 오슬로 / 스톡홀름 / 발트 해 / 북해 / 덴마크 / 코펜하겐

동유럽

유럽은 지난 30년 동안 아주 많이 변했어요. 이곳은 예전에 군사·경제·문화적으로 소련(소비에트 연방)의 지배를 받았어요. 그러다가 1989년에 사회주의 체제가 무너지고 1991년에 소련이 해체되면서, 동유럽은 소련의 영향력에서 벗어나 자유로워졌지요. 그 결과 이 지역에서는 많은 독립 국가가 태어났어요. 소련에서 완전히 독립한 에스토니아, 라트비아, 리투아니아는 발트 해에 접해 있기 때문에 발트 3국이라고도 해요. 동유럽은 독일의 동쪽과 남동쪽에 있어요. 우랄 산맥이 자연적으로 아시아와 유럽을 동서로 갈라놓고 있지요. 이러한 위치 때문에 동유럽은 옛날부터 유럽과 아시아를 잇는 통로 역할을 해 왔어요.

동유럽의 평원 지역은 땅이 매우 기름진 곡창 지대예요. 특히 우크라이나는 일찍부터 농업을 발달시켜 세계적인 밀 생산지가 되었어요. 그래서 미국의 중서부처럼 '빵 바구니'라는 별명이 붙었어요.

리투아니아에서는 나무 수액이 화석이 되어 만들어진 호박을 이용해 아름다운 보석을 만들어요.

폴란드의 수도 **바르샤바**는 중세 유럽의 모습을 그대로 간직한 도시예요. 이곳엔 유럽에서 가장 넓은 도시 광장도 있어요.

체코의 수도 **프라하**에는 역사가 오래된 유명한 프라하 성이 있어요.

슬로바키아와 폴란드 국경 지대에 걸쳐 있는 **타트라 산맥**은 경치가 아름답고 눈이 많이 와서 스키장이 발달했어요.

슬로바키아의 수도 **브라티슬라바**에 있는 브라티슬라바 성은 다뉴브 강이 내려다보이는 곳에 있어요.

헝가리의 수도 **부다페스트**는 이름 그대로 부다와 페스트라는 2개의 도시로 이루어졌어요. 부다와 페스트는 다뉴브 강을 사이에 두고 마주 보고 있지요.

흑해는 동유럽의 대표적인 휴양지예요. 많은 사람들이 이곳에서 휴가를 보내요.

불가리아의 특산품은 장미예요. 장미로 향수를 많이 만들지요.

동유럽에 대해 알아보기

주요 농산물: 밀, 옥수수, 감자, 목화, 차, 포도

토착 동물: 엘크, 사슴, 곰

주요 기념일: 독립 기념일, 국가의 날, 성 니콜라스의 날

주요 언어: 폴란드 어, 헝가리 어, 우크라이나 어, 불가리아 어

좋아하는 운동: 축구, 배구, 아이스하키

좋아하는 음식: 구야시(헝가리의 쇠고기 채소 수프), 피로슈키(폴란드식 만두), 카바르마(불가리아식 스튜), 치킨 키에브(닭 가슴살 요리)

서유럽

서유럽은 남동쪽의 산지를 제외하고 대부분이 평야와 낮은 구릉지로 이루어져 있어요.

벨기에, 네덜란드, 룩셈부르크 세 나라의 머리 글자를 따서 붙인 베네룩스 3국은 육지가 해발 아래에 있는 저지대예요. 베네룩스 3국은 지리적으로 서로 가까이 붙어 있는 데다 정치·경제적으로도 매우 가까운 관계를 맺고 있어요.

독일은 9개 나라(덴마크, 오스트리아, 스위스, 프랑스, 룩셈부르크, 벨기에, 네덜란드, 폴란드, 체코)와 국경을 맞대고 있어요. 1990년에 통일을 이룬 독일은 자동차, 기계류와 맥주가 유명한 경제 대국이에요. 독일은 생활 수준이 높고 사회 보장 제도가 잘되어 있어요.

오스트리아는 국토의 대부분이 알프스 산지예요. 알프스 산맥이 동서로 길게 뻗어 있어 예부터 관광업이 발달했지요. 오스트리아는 음악의 나라로도 유명해요. 하이든, 모차르트, 슈베르트, 요한 슈트라우스 같은 음악가가 오스트리아 출신이에요.

스위스는 알프스 산맥과 쥐라 산맥으로 둘러싸인 산악 국가예요. 국토의 40퍼센트가 목장인 만큼 낙농업이 발달했어요. 경치가 아름답고 기후가 좋아서 관광업도 발달했지요.

서유럽에 대해 알아보기

- **주요 농산물**: 양파, 포도, 감자, 방울다다기양배추
- **토착 동물**: 붉은 다람쥐, 멧돼지, 여우, 늑대, 사슴, 아이벡스(산악 지방 염소)
- **주요 언어**: 프랑스 어, 독일어, 네덜란드 어
- **주요 기념일**: 프랑스 혁명 기념일, 독일 통합의 날, 스위스 국가의 날, 옥토버페스트(독일의 맥주 축제)
- **좋아하는 운동**: 축구, 필드하키, 핸드볼, 자전거 타기
- **좋아하는 음식**: 크레이프(얇은 팬케이크), 돼지고기 소시지, 퐁뒤(스위스 전통 요리), 프레첼(리본처럼 생긴 과자), 송아지 커틀릿

프랑스는 유럽에서 농업 생산이 가장 많은 나라예요. 특히 포도를 많이 재배해서 세계적으로 이름난 와인을 생산하고 있어요. 프랑스의 수도 파리는 예술의 도시이자 관광의 도시로 유명해요.

모나코와 리히텐슈타인은 왕이 아니라 귀족인 공작이 다스리는 작은 나라예요. 모나코는 국제 연합에 가입한 나라 중에서 면적이 가장 작은 나라예요. 리히텐슈타인에는 국영 방송사가 없어서 사람들이 위성이나 케이블을 통해 독일이나 오스트리아 등지의 방송을 본대요.

독일의 크리스마스

크리스마스는 매년 12월 25일 예수 그리스도의 탄생을 축하하는 기독교인들의 축제예요. 크리스마스의 상징 가운데 하나인 상록수 장식은 독일에서 시작되었어요. 많은 나라에서는 온 가족이 함께 나무를 장식하지만, 독일에서는 부모가 몰래 나무를 장식해서 아이들을 놀라게 해요. 아이들은 크리스마스 캐럴을 부르고 선물을 받아요. 또 생강 빵으로 조그만 집을 만들고 가족과 함께 푸짐한 음식을 먹어요.

요들로 나를 불러요!

여러분은 멀리 떨어져 있는 친구들에게 연락하고 싶을 때 전화를 하거나 전자우편을 보낼 거예요. 그런데 옛날에 스위스와 오스트리아의 알프스 산에서는 친구들을 초대하거나 서로 인사할 때 요들을 불렀대요. 요들은 "요들레이오~" 하는 소리처럼 들려요. 요들은 산악 지방에서 의사소통을 하기 위해 이용했어요.

서로 반대 방향으로 돌리는 2개의 줄을 동시에 뛰어넘는 쌍줄넘기는 네덜란드에서 시작됐어요.

남유럽에 대해 알아보기

주요 농산물 : 포도, 올리브, 대추야자, 무화과, 견과류·감귤류 열매

토착 동물 : 갈색 곰, 양, 아이벡스

주요 언어 : 에스파냐 어, 포르투갈 어, 이탈리아 어, 그리스 어

주요 기념일 : 성 바실리우스 축제, 사육제, 예수 공현일, 그리스 독립 기념일, 성 게오르그의 날

좋아하는 운동 : 축구, 농구, 투우, 자전거 타기

좋아하는 음식 : 파스타(이탈리아의 국수 요리), 피자, 리소토(쌀을 주재료로 하는 이탈리아 요리), 카라마리 튀김, 파에야(에스파냐의 전통 요리), 초리조(에스파냐의 대표적인 소시지)

파스타는 이탈리아 사람들의 주식이에요. 이탈리아 사람들은 파스타를 해마다 한 사람당 25킬로그램이나 먹는대요.

이탈리아의 **베네치아**는 118개의 작은 섬들이 400여 개의 다리로 연결된 '물의 도시'예요. 사람들은 운하를 따라 '곤돌라'라는 배를 타고 다녀요.

에스파냐의 **세비야**는 투우 경기와 전통 춤인 플라멩코로 유명해요.

에스파냐의 수도 **마드리드**는 오랜 역사를 자랑하는 문화 도시예요.

피사 대성당에 세워진 **피사의 사탑**은 지반이 약해 한쪽으로 기울어져서 유명해진 탑이에요.

대서양

프랑스

알프스 산맥

슬로베니아 ★ 류블랴나
★ 자그레브
크로아티아 사바 강

포르투갈

에스파냐(스페인)

★ 안도라라베야 **안도라**

보스니아 헤르체고비나
★ 사라예보

★ 리스본
타호 강 ★ 마드리드

산마리노 ★ 산마리노

이탈리아

몬테네그로
★ 포드고리차

바티칸 시국은 세계에서 가장 작은 나라예요. 이탈리아의 수도 로마 시 안에 있는 도시 국가로, 교황이 다스려요.

바티칸 시국 ★ 로마

아펜니노 산맥

아드리아 해

사르데냐 섬

티레니아 해

이오니아 해

지중해

이탈리아의 **나폴리**에서는 200년 전부터 피자를 만들었어요.

시칠리아 섬

크로아티아의 **두브로브니크**는 높은 성벽에 둘러싸인 도시

튀니지

몰타
★ 발레타

와인 병마개

포르투갈은 코르크를 많이 생산하는 나라예요. 게시판이나 와인 병마개로 사용하는 코르크는 코르크나무 껍질로 만들어요. 껍질을 벗겨 내고 나서 9년쯤 지나면 다시 껍질을 벗겨 낼 수 있대요.

포르투갈의 수도 **리스본**은 항구 도시예요. 강 유역에는 공업이 발달했지만, 여전히 옛 모습을 간직하고 있어요.

남유럽

남 유럽은 거의 반도예요. 이베리아 반도, 이탈리아 반도, 발칸 반도 등 주요한 반도 세 곳이 바다로 튀어나와 있어요.

이베리아 반도는 남서쪽에 있어요. 아프리카와 겨우 8킬로미터밖에 떨어져 있지 않지요. 이곳엔 대서양과 지중해에 걸쳐 있는 에스파냐, 포르투갈, 그리고 작은 나라인 안도라가 있어요. 에스파냐는 영어식 이름인 스페인으로 많이 알려져 있어요.

장화 모양으로 생긴 이탈리아 반도는 지중해를 향해 툭 튀어나와 있어요. 이곳에는 이탈리아, 바티칸 시국, 산마리노, 몰타가 있어요.

남동쪽에 있는 발칸 반도는 에게 해, 아드리아 해, 이오니아 해에 둘러싸여 있어요. 발칸 반도에는 슬로베니아, 크로아티아, 세르비아, 몬테네그로, 마케도니아, 알바니아, 그리스 등의 나라가 있어요. 발칸 반도에 있는 나라들을 통틀어 발칸 반도 국가라고도 해요. (발트 3국과 혼동하지 마세요!)

반도의 연안 지역은 대개 여름엔 덥고 건조하며, 겨울엔 온화하고 비가 많이 내려요. 또 눈에 덮인 알프스가 펼쳐진 북부 지역 말고는 대부분 건조한 언덕과 숲, 평원이에요.

남유럽은 수천 년 전 그리스·로마 문화가 발생한 곳이에요. 고대 그리스는 서구 문명의 발상지예요. 소크라테스, 플라톤, 아리스토텔레스, 히포크라테스 같은 사람들이 철학, 정치학, 의학, 기하학, 자연 과학 등을 발전시켰지요. 그리스 문화는 더욱 발전해서 고대 로마 문화에 큰 영향을 주었어요. 로마 사람들은 학문이나 예술보다 공공 건축물과 정치 조직, 법률 같은 실용적인 문화를 발전시켰지요. 특히 로마법은 현대의 많은 유럽 국가들에 영향을 끼쳤어요.

그리스의 설날

그리스는 새해 첫날 성자인 바실리우스를 기리는 성 바실리우스 축제를 열어요. 어린이들은 이날 바실로피타 케이크를 먹어요. 케이크 속에 동전을 넣고 굽는데, 동전을 발견한 어린이에게는 그해에 행운이 찾아온다는 말이 있어요.

루마니아

흑해

코소보는 세르비아의 자치주로 있다가 2008년 세르비아로부터 독립을 선언했어요. 하지만 아직 세계의 많은 나라로부터 독립을 인정받지는 못했어요.

에게 해

터키

그리스의 수도 **아테네**는 아크로폴리스와 파르테논 신전으로 유명해요.

아테네

★니코시아
키프로스

푸른 바다를 배경으로 아름다운 집들이 있는 그리스의 섬들은 외국 관광객들에게 인기 있는 휴양지예요.

마라톤은 어떻게 생겨났을까요?

마라톤은 42.195킬로미터를 달리는 경주예요. 마라톤은 기원전 490년 그리스군과 페르시아군이 벌인 마라톤 전투에서 그리스군이 극적으로 승리하자, 기쁜 소식을 전하기 위해 마라톤 평원에서 아테네까지 약 40킬로미터를 쉬지 않고 달린 그리스 병사를 기리기 위해 만들어졌다고 해요. 반면 마라톤 전투에서 패한 페르시아의 후예인 이란은 지금까지 마라톤 경기에 한 번도 출전하지 않았대요.

아시아

가장 큰 호수
카스피 해
(넓이 37만 4,000km²)

아시아는 엄청나게 큰 대륙이에요. 북아메리카와 유럽과 오스트레일리아를 합친 것보다 더 커요. 아시아는 세계에서 가장 큰 대륙일 뿐 아니라 인구도 가장 많아요. 세계 인구의 반 이상이 아시아에 살거든요.

아시아에는 산맥을 비롯해서 평야, 계곡, 동굴 등과 같은 모든 지형과 열대·온대·한대의 모든 기후가 나타나요. 아시아는 매우 넓지만 육지의 많은 부분이 산맥과 사막이에요. 세계에서 가장 높은 산들이 있는 히말라야 산맥도 아시아에 있지요. 사막도 남서부와 중부의 여러 지역에 퍼져 있어요. 중국의 고비 사막은 여느 사막들과 달리 고원 지대에 있기 때문에 뜨겁지 않고 추워요. 동남아시아에는 열대 우림도 있어요. 중국을 관통하며 흐르는 양쯔 강은 세계에서 세 번째로 긴 강이지요.

러시아는 아시아에서 가장 큰 나라예요. (러시아를 유럽에 포함시키는 사람들도 있어요.) 가장 작은 나라는 몰디브라는 섬나라이지요. 아시아의 많은 나라들이 섬나라인데, 그중에서도 인도네시아는 세계에서 가장 많은 섬으로 이루어진 나라예요. 중국은 세계에서 인구가 가장 많은 나라이고, 인도는 두 번째로 인구가 많아요.

아시아에는 다양한 민족이 사는 만큼 다양한 문화를 이루고 있어요. 크리스트교·이슬람교·유대교·불교·힌두교도 모두 아시아에서 발생했어요.

가장 낮은 곳
사해(해수면 아래 400m)

마르코 폴로의 기나긴 여행

여러분은 아주 긴 여행을 해 본 적이 있나요? 만약 24년 동안 여행을 계속한다면 어떨까요? 마르코 폴로는 겨우 10대였던 1271년 아버지와 함께 고향을 떠나서 아시아를 가로질러 여행한 최초의 유럽인으로 알려져 있어요. 그가 집으로 돌아가기까지는 24년이나 걸렸대요! 유럽 사람들은 언제나 아시아의 비단과 향료를 좋아했지만, 그 무렵엔 6,400킬로미터에 이르는 거친 산맥과 불타는 사막을 가로지르는 길을 보여 주는 지도가 없었기 때문에 아시아에 가는 것이 거의 불가능했어요.

마르코 폴로는 이탈리아의 베네치아에서 중동까지 배를 타고 여행을 시작했어요. 그러고는 페르시아(지금의 이란)를 지나 고비 사막을 가로질러 중국의 베이징까지 갔어요. 이 길을 '실크로드'라고 해요. 실크로드는 내륙 아시아를 가로질러 중국과 서아시아, 지중해 연안을 이어 주던 고대의 무역로예요. 고대 중국의 특산물인 비단을 서방의 여러 나라로 싣고 간 길이라 실크로드(비단길)라는 이름이 붙었어요. 마르코 폴로는 몽골 제국이 세운 원나라에서 관리로 일하며 17년 동안 중국의 여러 도시와 지방은 물론 동방의 여러 나라를 여행했어요.

24년 만에 고국으로 돌아온 마르코 폴로는 자신이 중국과 동방의 여러 나라에서 보고 들은 것을 썼어요. 바로 세계 4대 여행기 중 하나인 『동방견문록』이에요. 이 책은 유럽 사람들에게 동양에 대한 관심을 불러일으켰고, 콜럼버스가 신항로를 개척하는 데 많은 영향을 주었지요.

러시아와 중앙아시아

시아는 세계에서 가장 큰 나라예요. 러시아는 일부만 유럽에 걸쳐 있고 대부분은 아시아 대륙에 있어요. 세계에서 땅이 가장 넓다 보니 러시아는 시간대도 무려 11개에 걸쳐 있어요. 그래서 같은 날인데도 서쪽이 아침일 때 동쪽은 밤이에요.

우랄 산맥 동쪽에서 태평양까지의 러시아 영토를 시베리아라고 해요. 시베리아는 매우 춥기 때문에 이곳에는 사람들이 거의 살지 않아요. 러시아는 석탄, 가스, 석유, 철광석 같은 천연자원이 풍부해서 산업이 많이 발달했어요. 1917년 세계 최초로 사회주의 국가가 되었지만, 1991년 소련이 해체되면서 독립국이 되었지요.

중앙아시아는 높은 고원과 산, 키질쿰 사막과 카라쿰 사막 같은 거대한 사막, 그리고 나무 없이 풀로 뒤덮인 초원으로 이루어진 지역이에요. 그래서 염소와 양, 낙타 따위를 키우며 살아가는 유목민이 많아요. 이 지역에는 소련이 해체되면서 독립한 카자흐스탄, 우즈베키스탄, 투르크메니스탄 같은 신흥 국가들이 있어요.

중앙아시아는 아주 오래전부터 동양과 서양을 잇는 교통로였어요. 상인들이 낙타나 말에 동양과 서양의 특산물을 싣고 무리 지어 다니며 무역을 했지요.

러시아의 **상트페테르부르크**는 도시 전체가 운하와 수로로 연결돼 있어 '북방의 베네치아'라고도 해요.

러시아의 수도 **모스크바**는 크렘린 궁과 붉은 광장으로 유명해요.

아랄 해는 세계에서 네 번째로 큰 호수였지만, 무분별한 개발 때문에 지금은 물이 절반 이상 줄어들었어요.

우즈베키스탄은 오래전 동양과 서양을 이어 주던 실크로드의 관문이었어요.

키르기스스탄은 국토의 대부분이 산이어서 '중앙아시아의 스위스'라는 말을 들어요.

러시아와 중앙아시아에 대해 알아보기

- **주요 농산물** : 밀, 담배, 감자, 개암, 해바라기
- **토착 동물** : 시베리아호랑이, 족제비, 북극여우
- **주요 언어** : 러시아 어, 카자흐 어, 우즈베크 어, 타지크 어, 투르크멘 어 등
- **주요 기념일** : 설날, 국제 여성의 날, 조국 수호자의 날, 승전 기념일, 멜론 데이
- **좋아하는 운동** : 하키, 축구, 테니스, 농구
- **좋아하는 음식** : 보르시치(러시아식 수프), 피로시키(러시아식 만두), 캐비아(철갑상어 알을 소금에 절인 식품), 양고기 꼬치구이

서남아시아

아프리카와 남부아시아 사이에 있는 서남아시아를 흔히 '중동'이라고 해요. 중동이라는 말은 유럽 사람들이 동양을 구분할 때 유럽에 가까운 쪽을 근동이라 하고, 유럽에서 먼 쪽을 극동, 근동과 극동의 중간 지역을 중동이라 부른 데서 비롯됐어요.

서남아시아는 세계 4대 문명 가운데 하나인 메소포타미아 문명의 발상지이며, 크리스트교·이슬람교·유대교 등의 종교 발생지이기도 해요. 이 지역에는 고대 도시들과 거대한 사막이 있고, 석유가 많이 나지요.

티그리스 강과 유프라테스 강 사이에 있는 메소포타미아는 지금의 이라크이고, 고대 페르시아는 지금의 이란이에요. 아라비아 반도(사우디아라비아, 예멘, 오만, 아랍에미리트, 카타르, 쿠웨이트)는 절반 이상이 사막이에요. 사우디아라비아에 있는 룹알하리 사막은 모래사막이 다른 사막보다 더 넓게 펼쳐져 있어요. 네푸드 사막은 거대한 모래 언덕으로 유명해요. 아라비아 반도 동쪽에 있는 이란 또한 국토의 3분의 2가 사막이에요.

서남아시아는 대부분 덥고 건조해요. 물이 부족해서 많은 나라들이 바닷물에서 소금기를 뽑아내는 담수화 실험을 하고 있어요. 반면 서남아시아에는 석유가 풍부해요. 세계 석유의 약 65퍼센트가 이 지역에서 나오거든요. 그중에서도 특히 사우디아라비아는 세계에서 석유가 가장 많이 나는 곳이에요. 사우디아라비아를 비롯해서 쿠웨이트, 아랍에미리트 등 석유가 나는 나라들은 부자 나라가 되었어요. 하지만 나머지 나라들은 대체로 가난한 편이에요.

서남아시아는 부와 함께 오랜 역사를 자랑하지만, 국경과 종교 문제, 석유와 물 문제 때문에 곳곳에서 전쟁이 계속되고 있어요. 최근에는 빈부 격차도 아주 커지고 있어요.

이스라엘의 수도 **예루살렘**은 이슬람 크리스트교·유대교 똑같이 성지로 여겨 종교 분쟁이 많이 일어나는 곳이에요.

사우디아라비아 여성들은 외출할 때 베일을 써야 해요. 얼굴만 가리는 베일도 있고, 몸 전체를 가리는 베일도 있지요.

서남아시아에 대해 알아보기

주요 농산물: 올리브, 피스타치오, 대추야자, 라임, 석류
토착 동물: 페르시안 고양이, 낙타, 아라비아 말
주요 언어: 아랍 어, 페르시아 어, 히브리 어, 쿠르드 어
주요 기념일: 하누카(성전 봉헌절), 유월절, 로시 하사나(유대교의 새해 명절), 라마단(이슬람 신자들의 금식 기간), 노루즈(이란의 새해 명절)
좋아하는 운동: 축구, 자동차 경주, 낙타 경주
좋아하는 음식: 후무스(콩과 마늘을 섞어 만드는 서남아시아의 전통 음식), 시시케밥(꼬치구이), 가지, 키베(다진 양고기 구이)

석유가 중요한 이유

추운 겨울날, 집에서 따뜻하게 난방 기구를 켜면 좋지 않나요? 여러분이 디즈니월드에 가고 싶을 때 내내 걸어서 가는 것보다 자동차나 비행기를 타고 가면 좋지 않나요? 자동차, 비행기, 배의 연료와 집이나 학교를 따뜻하게 해 주는 열은 석유에서 얻어요. 끈적끈적한 검은 원료가 지구에서 쓰는 동력의 절반을 제공해 주지요. 이 때문에 사람들은 석유를 얻기 위해 기꺼이 많은 돈을 지불해요. 그렇지만 석유는 한 번밖에 쓰지 못해요. 일단 지구에서 석유를 모두 뽑아 쓰고 나면 더 이상 석유를 생산할 수 없다는 뜻이에요.

남부아시아

남부아시아는 흔히 아시아의 남부 일대를 가리켜요. 인도, 방글라데시, 스리랑카, 파키스탄, 몰디브 등 남부아시아 대부분의 나라는 영국의 지배를 받다가 1947년~1965년에 독립했어요.

에베레스트 산을 비롯하여 케이투 산, 로체 산 등 세계에서 가장 높은 산 10곳이 모두 남부아시아에 있어요. 거대한 산들은 눈에 덮여 있는데, 눈이 녹으면 인도의 갠지스 강으로 흘러들어 가요.

남부아시아의 대부분은 인도가 차지하고 있어요. 인도는 남부아시아에서 가장 큰 나라예요. 인구도 아주 많아 중국에 이어 세계에서 두 번째지요. 인도는 최근에 가장 빠르게 성장하고 있는 나라예요. 인도는 힌두교·불교·자이나교·시크교 등의 종교가 생겨난 곳이기도 해요. 하지만 오늘날 인도 사람들이 가장 많이 믿는 종교는 힌두교예요. 힌두교에서는 소를 무척 신성하게 여겨서 쇠고기를 먹지 않아요.

인도의 서쪽과 동쪽에 각각 자리한 파키스탄과 방글라데시는 원래 인도와 한 나라였어요. 그런데 영국이 인도를 지배하면서 이슬람교 신자와 힌두교 신자들 사이를 갈라놓는 바람에 결국 나라가 분리되었어요. 영국에서 독립할 때 이슬람교 신자들이 파키스탄을 따로 세운 거예요. 방글라데시는 파키스탄에서 다시 갈라져 나온 나라고요.

남부아시아에 대해 알아보기

주요 농산물: 쌀, 파인애플, 망고, 면화, 사탕수수, 주트, 차
토착 동물: 호랑이, 코끼리, 원숭이, 자칼, 하이에나, 공작
주요 언어: 힌디 어, 영어, 우르두 어, 벵골 어, 네팔 어, 스리랑카 어
주요 기념일: 디왈리(인도의 가장 큰 힌두교 축제), 석가 탄신일, 락샤 반단, 에살라 페라헤라(스리랑카의 불교 축제), 바산트(파키스탄의 봄맞이 축제), 시바라트리(네팔의 힌두교 축제), 홀리(대한민국의 설날과 비슷한 인도의 명절)
좋아하는 운동: 크리켓, 필드하키, 스쿼시
좋아하는 음식: 마살라(향신료), 카레, 차파티(얇고 납작한 빵), 아차르(절인 밑반찬), 탄두리 치킨

네팔과 부탄은 히말라야 산맥의 해발 4,000미터에 이르는 고원 지대에 위치한 나라들이에요. 많은 등산객들이 에베레스트 산을 비롯해 8,000미터가 넘는 높은 산에 오르기 위해 네팔을 찾아가요. 불교 왕국인 부탄은 자연 자원뿐 아니라 전통문화와 불교문화를 지키기 위해 외국인 관광객 수를 제한하고 있어요.

인도의 명절, 락샤 반단

인도 사람들은 해마다 8월에 '락샤 반단'이라는 명절을 치러요. 락샤 반단은 힌두교와 시크교의 축제이기도 하지요. 이날은 남매 간의 우애를 다지는 날이에요. 여자 형제가 오빠나 남동생의 손목에 비단이나 매듭실로 만든 팔찌(남자 형제들을 악마로부터 보호한다는 뜻을 담고 있어요!)를 묶어 주면, 남자 형제는 여자 형제를 보호하겠다고 맹세하고 미리 준비해 놓은 선물을 주지요. 남매가 서로 멀리 떨어져 있으면 여자 형제가 편지에 팔찌를 함께 부치기도 한답니다.

히말라야의 셰르파

셰르파는 네팔의 동부 히말라야 산속에 살면서 히말라야 등반대를 안내하는 유명한 사람들이에요. 짐을 들어 주거나 산길을 안내하는 일뿐만 아니라, 등반가들에게 현지 지형과 기후를 알려 주고 여러 가지 도움을 주는 산악인들이랍니다.

도시 이름 맞히기

인도의 많은 도시 이름이 최근에 바뀌었어요. 오래전 영국이 인도를 통치할 때 영국 사람들이 발음하기에 편한 대로 부르던 것을 원래 인도 사람들이 부르던 이름으로 되돌려 놓은 거예요.

옛 이름	새 이름
봄베이	뭄바이
캘커타	콜카타
마드라스	첸나이
퐁디셰리	푸두체리

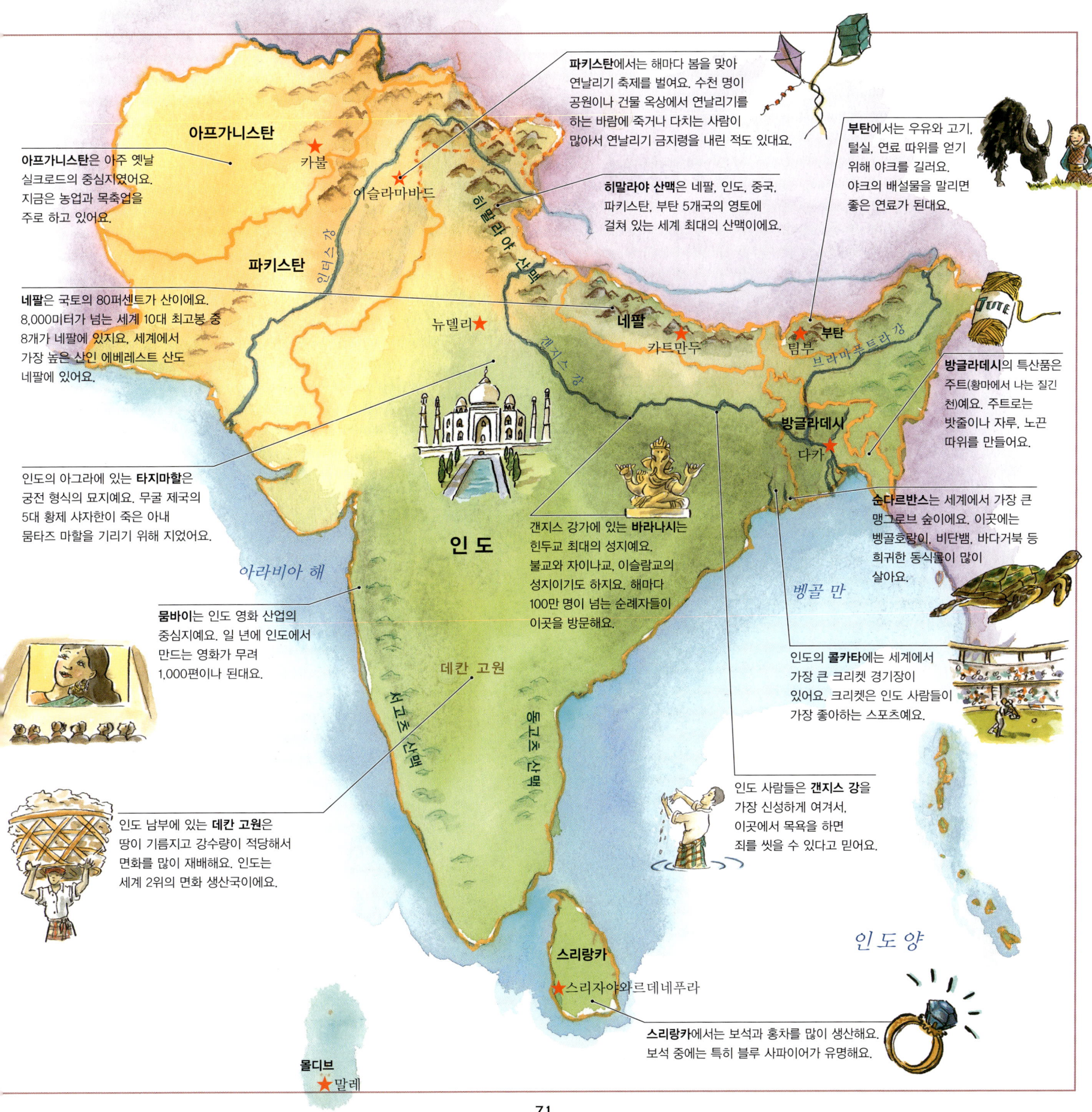

동남아시아

동남아시아는 인도차이나 반도와 말레이 반도, 그리고 수많은 섬으로 이루어졌어요.

인도네시아는 세계에서 섬이 가장 많은 나라예요. 수마트라 섬, 자와(자바) 섬, 보르네오 섬, 술라웨시 섬, 뉴기니 섬 같은 커다란 섬 5개와 약 1만 8,000개의 작은 섬으로 이루어졌지요. 필리핀은 7,100개의 섬으로 이루어져 있어요. 정말 섬이 많아서, 여러분이 동남아시아에 산다면 배가 꼭 필요할 거예요!

동남아시아에는 뜨겁고 습한 열대 우림이 있는 산이 아주 많아요. 동남아시아의 산은 대부분 울창한 숲과 정글로 덮여 있어요. 미얀마처럼 도시가 발달하지 않은 나라도 있고, 싱가포르나 태국처럼 도시가 발달한 나라도 있지요.

동남아시아에서는 대부분의 사람들이 강가와 바닷가를 따라 살면서 농사를 짓고 해산물을 잡아요. 베트남의 메콩 강 삼각주 유역은 세계에서 쌀을 많이 재배하는 곳 가운데 하나예요. 농부들은 산비탈에 만든 계단식 논에서 쌀 농사를 짓지요. 동남아시아는 천연자원도 풍부해서 말레이시아에서는 주석이, 미얀마에서는 루비가, 브루나이에서는 석유가 많이 생산되고 있어요.

동남아시아에서는 불교와 이슬람교를 가장 많이 믿어요. 힌두교와 크리스트교를 믿는 사람도 많지요. 동남아시아는 종교도 다양하고 나라마다 언어도 매우 다양해요.

미얀마의 **양곤**에는 도시의 거리 위로 황금 불탑이 우뚝 솟아 있어요. 양곤은 미얀마 정부가 네피도로 수도를 옮기기 전까지 오랫동안 미얀마의 수도였어요.

태국의 수도 **방콕**은 600만 명이 넘는 사람 사는 큰 도시예요. 차는 매우 많은데 길은 적어서 언제나 교통 체증이 심해요.

말레이시아의 수도 **쿠알라룸푸르**는 말레이시아에서 가장 큰 도시예요. 이곳에는 세계에서 가장 높은 쌍둥이 빌딩이 있는데, 높이가 450미터(88층)가 넘어요.

싱가포르는 인구 밀도가 아주 높은 작은 섬나라지만, 동서양의 바닷길을 잇는 해상 교통의 요충지인 덕분에 부유한 나라가 되었어요.

동남아시아에 대해 알아보기

주요 농산물 : 쌀, 파인애플, 고무, 티크, 코코넛, 커피

토착 동물 : 코끼리, 코모도왕도마뱀, 오랑우탄, 긴팔원숭이

주요 언어 : 태국어, 미얀마 어, 베트남 어, 크메르 어, 말레이 어, 필리핀 어, 인도네시아 어

주요 기념일 : 뗏쯩투(베트남의 명절), 송끄란(태국의 설날), 르바란(인도네시아의 최대 명절)

좋아하는 운동 : 세팍타크로(족구와 비슷한 운동), 배드민턴

좋아하는 음식 : 스프링롤, 사테(꼬치구이 요리), 가도가도(인도네시아식 샐러드)

머리 조심!

인도네시아에서는 누군가의 머리를 만지면 안 돼요. 머리를 만지면 불행이 온다고 여기거든요. 인도네시아 사람들은 사람의 영혼이 머리에 깃든다고 여겨서 머리를 만지면 쉽게 다친다고 믿고 있어요.

동부아시아

동부아시아에서는 중국이 대부분을 차지하고 있어요. 중국은 세계에서 인구가 가장 많은 나라예요. 인구가 약 13억 6,000명으로, 지구에 사는 5명 중 한 명이 중국에 살고 있는 셈이지요. 중국은 세계에서 네 번째로 땅이 넓은 나라예요. 땅이 굉장히 넓다 보니 기후대도 아열대에서 냉대까지 모두 나타나요.

중국은 황허 강 유역에서 일어난 황허 문명이 발생한 곳이에요. 황허 문명은 세계에서 아주 오래된 문명 가운데 하나랍니다. 중국은 수천 년 동안 과학과 발명 분야에서 유럽보다 앞서 있었어요.

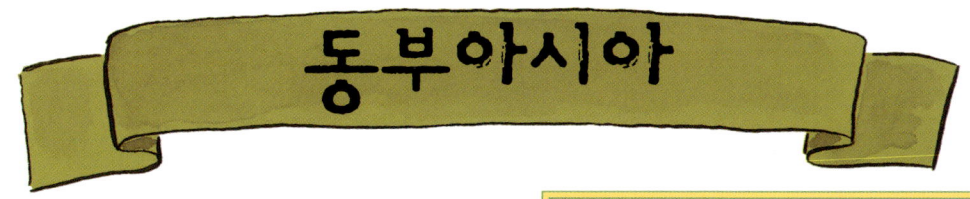

동부아시아에 대해 알아보기

- **주요 농산물** : 쌀, 대나무, 밀, 차
- **토착 동물** : 대왕판다, 야크, 호랑이, 눈표범, 두루미
- **주요 언어** : 중국어, 한국어, 일본어
- **주요 기념일** : 춘절(중국의 설날), 추석(대한민국의 명절), 나담 축제(몽골의 독립 기념일), 오봉(일본의 백중맞이)
- **좋아하는 운동** : 탁구, 배구, 레슬링, 태권도, 유도, 쿵푸
- **좋아하는 음식** : 생선회, 초밥, 만두, 김치, 불고기, 녹차, 홍차

중국은 세계에서 농산물을 가장 많이 생산하는 나라이기도 해요. 지금은 풍부한 지하자원과 노동력, 드넓은 중국 시장을 바탕으로 공업 국가로 빠르게 발전하고 있어요.

중국의 북쪽에 위치한 몽골은 세계에서 인구 밀도가 가장 낮아요. 국토의 대부분이 초원으로 뒤덮여 있는 '초원의 나라'지요. 기후가 농사짓기에 적당하지 않아 몽골 사람들은 예부터 주로 유목 생활을 해 왔어요. 최근에는 몽골에 묻혀 있는 광물 자원을 개발하기 위해 외국 회사들이 들어오면서 사람들도 도시로 몰려들어 전통적인 유목 생활은 점점 줄어들고 있어요.

한반도는 아시아 대륙 동쪽 끝으로 툭 튀어나온 곳이에요. 한반도는 38도선을 경계로 북쪽의 북한과 남쪽의 대한민국으로 나뉘어 있어요. 세계에서 유일한 분단 국가지요.

대한민국은 1960년대까지 농업 국가였지만, 지금은 선박, 자동차, 첨단 전자 제품, 컴퓨터 등 다양한 산업 분야에서 놀라운 경제 성장을 이루어 아시아의 경제 대국이 되었어요.

북한의 공식 명칭은 조선민주주의인민공화국이에요. 사회주의 국가인 북한은 석탄, 철광석, 텅스텐 등의 광물 자원이 풍부해 광산업과 중공업이 발달했어요. 하지만 농경지가 부족한 데다 계속되는 가뭄과 홍수로 식량이 모자라 많은 주민들이 어려움을 겪고 있어요.

일본은 4개의 큰 섬과 3,000개가 넘는 작은 섬들이 이어진 섬나라예요. 일본은 천연자원은 별로 없지만, 뛰어난 첨단 기술을 바탕으로 컴퓨터와 자동차, 전자 제품 등을 잘 만들어서 세계적인 경제 대국이 되었어요. 일본은 3개의 지각판이 충돌하는 환태평양 화산 지대에 있어서 화산 폭발과 지진이 자주 일어나고, 태풍과 쓰나미가 일본 열도를 덮치기도 해요. 그래서 일본의 고층 건물들은 지진에도 잘 견딜 수 있도록 설계되어 있어요.

중국의 설날

중국의 설날은 '춘절'이라고 해요. 음력 1월 1일부터 15일 동안 성대하게 이어지지요. 새해 아침에 사람들은 붉은 옷을 입고 붉은 봉투에 돈을 넣어 세뱃돈을 줘요. 중국 사람들은 예부터 붉은색을 행운의 색으로 여겨 왔거든요. 중국 사람들은 귀신을 쫓기 위해 곳곳에서 불꽃놀이를 하고 용춤과 사자춤을 추면서 복을 빌기도 해요.

어느 나라 젓가락이 가장 길까요?

동부아시아 국가인 중국, 한국, 일본은 아주 오래전부터 문화를 활발하게 교류해 와서 공통점이 많아요. 세 나라 모두 한자를 쓰고, 유교와 불교가 바탕이 된 문화가 많아요. 또 하나의 공통점은 바로 식사할 때 젓가락을 사용한다는 거예요. 그런데 중국의 젓가락이 가장 길고, 한국이 그 다음, 일본의 젓가락이 가장 짧아요.

아프리카

아프리카는 세계 기록을 많이 갖고 있는 대륙이에요. 먼저 아프리카에는 53개 나라가 있어요. 어느 대륙보다 나라가 많지요. 그리고 아프리카에는 세계에서 가장 크고 뜨거운 사막인 사하라 사막이 있어요. 서쪽의 대서양에서 동쪽으로 홍해까지 북아프리카를 가로지르는 사하라 사막은 아프리카 대륙의 3분의 1을 차지해요. 또 아프리카에는 세계에서 가장 긴 강으로 꼽히는 나일 강이 있어요. 나일 강은 우간다에서 흐르기 시작해 수단과 이집트를 거쳐 남쪽에서 북쪽으로 흐르다가 지중해로 빠져나가요.

아프리카는 지구에서 두 번째로 큰 대륙이에요. 이집트의 시나이 반도 근처만 아시아 대륙과 붙어 있고 대서양·인도양·지중해·홍해에 둘러싸여서 거의 섬에 가까워요. 그런데도 아프리카의 해안선이 다른 대륙의 해안선보다 짧다니 정말 신기하지요! 그 이유는 아프리카에 만과 반도가 거의 없기 때문이에요.

적도가 아프리카 중부를 여러 부분으로 나누고 있어요. 적도 북쪽은 사막 지역이고, 남쪽은 풀로 덮여 있는 평평한 사바나 지역이며, 적도 근처는 열대 우림 지역이에요.

여러분 또는 여러분의 할머니와 할아버지, 증조할머니와 증조할아버지가 어디에서 태어났든, 모든 인간은 아프리카에서 왔어요. 과학자들은 인류의 조상이 수백만 년 전 아프리카의 탄자니아와 에티오피아 근처에서 태어났다는 사실을 증명하는 뼛조각을 발견했어요. 그러니까 우리 인류의 조상은 아프리카 사람들이라는 얘기지요.

오늘날 아프리카에는 수천 개의 부족이 살고 있어요. 부족마다 고유한 언어도 갖고 있어서, 아프리카에서는 천 개가 넘는 언어가 사용되고 있어요. 그래서 아프리카 사람들이 서너 개의 언어를 유창하게 말하는 모습을 흔히 볼 수 있지요.

아프리카에는 아주 많은 민족뿐만 아니라 아주 많은 동물들도 살고 있어요. 아프리카보다 야생 동물이 많은 대륙은 없어요. 아프리카는 그야말로 야생 동물의 천국이지요. 여러분은 혹시 '아프리카 사파리'라는 말을 들어 본 적 있나요? 아프리카로 여행 가서 차를 타고 다니며 사자나 치타, 가젤, 얼룩말, 코뿔소, 코끼리 같은 야생 동물을 가까이에서 보는 것을 아프리카 사파리라고 해요. 하지만 아프리카는 차를 타고 다니며 몰래 사냥하는 사람들 때문에, 동물들이 가장 많이 멸종당할 위기에 놓인 대륙으로 변하고 있어요.

세계에서 내가 제일 나이가 많아!
몇 살인데?
내가 더 많은걸!
440만 살! 게다가 난 서서 걸어 다녔다구.
그럼 나보다 120만 살이나 더 많네……

최초의 인류는 누구일까요?

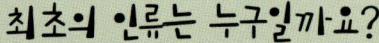

1992년 과학자들이 에티오피아의 사막에서 17개의 뼛조각을 발견했어요. 과학자들은 17년 동안 뼛조각을 연구하고 분석했어요. 그리고 마침내 2009년 최초의 인류인 아르디피테쿠스 라미두스를 발견했다고 공식으로 발표했어요. 아르디피테쿠스 라미두스는 그 동안 최초의 인류라고 알려진 루시보다 120만 년이나 먼저 살았던 인류의 조상이에요.

과학자들은 인류가 약 600만 년에서 700만 년 전에 침팬지와 분리되었다고 추측해요. 인류는 440만 년 전의 아르디피테쿠스 라미두스를 시작으로 320만 년 전의 루시, 220만 년 전의 호모 하빌리스, 180년 전의 호모 에렉투스, 10만 년 전의 호모 사피엔스로 이어져 내려왔어요.

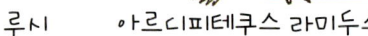

루시   아르디피테쿠스 라미두스

모로코 전통 시장, 수크

모로코는 좁고 구불구불한 거리에 늘어선 '수크'라는 전통 시장으로 유명해요. 이곳은 신비롭고 아름다운 갖가지 공예품과 카펫, 옷감, 보석 따위를 사려고 몰려드는 관광객들로 늘 북적거려요.

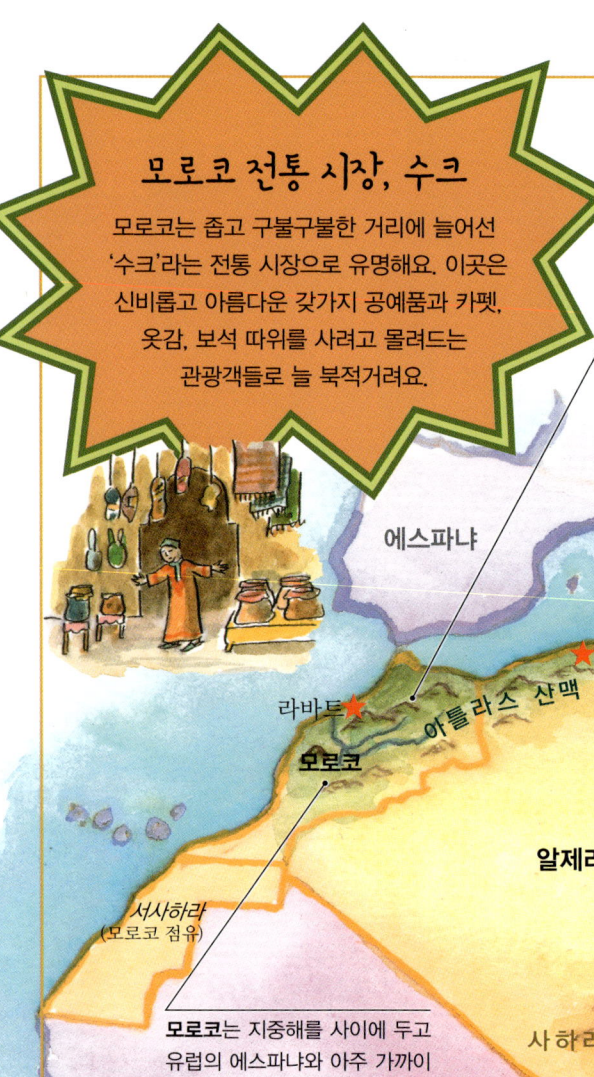

모로코 사람들은 대부분 이슬람교를 믿어요. 페스는 이슬람교의 사원인 모스크가 있는 전통적인 이슬람 도시예요.

카이로 부근의 **기제**에는 고대 이집트의 피라미드를 지키는 거대한 스핑크스가 있어요.

이집트의 수도 **카이로**의 외곽에는 '죽은 자들의 도시'라는 오래된 공동묘지 구역이 있어요. 무덤이 집처럼 생겨서 집 없는 사람들이 많이 산대요.

수에즈 운하는 지중해와 홍해를 연결하는 물길이에요. 유럽과 아시아를 오가는 배들이 남아프리카 공화국의 희망봉까지 돌아가지 않고 바로 오갈 수 있는 지름길이지요.

모로코는 지중해를 사이에 두고 유럽의 에스파냐와 아주 가까이 마주하고 있어서 예부터 유럽과 아프리카를 잇는 다리 역할을 해 왔어요.

알제리와 리비아는 석유가 많이 나는 곳이에요. 반면 물이 부족하기 때문에 석유를 수출해서 번 돈으로 지하수를 개발하고 있어요.

지부티는 국토의 대부분이 사막이에요. 혹심한 더위와 내전, 소말리아 난민 충돌 등으로 지부티 사람들은 아주 어려움을 겪고 있어요.

나일 강에서는 이집트의 전통 배인 '펠루카'를 흔히 볼 수 있어요. 펠루카는 오래전부터 나일 강의 교통수단이었는데, 지금은 주로 관광용으로 사용해요.

수단 북부에는 대부분 아랍 인이 살고, 남부에는 아프리카 흑인들이 살고 있어요. 북부와 남부의 주민들은 생활 방식과 종교가 서로 달라서 분쟁과 내전이 끊이지를 않아요.

에티오피아에서는 오랜 가뭄과 내전으로 식량이 모자라 하루에도 수백 명씩 굶어 죽어 가고 있어요. 집도 부족해 수천 명의 아이들이 거리에서 지내고 있어요.

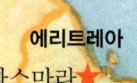

북부아프리카에 대해 알아보기

- **주요 농산물** : 무화과, 포도, 올리브, 코르크, 레몬 등의 감귤류, 커피
- **토착 동물** : 낙타, 사막여우, 날쥐, 아이벡스, 바바리양
- **주요 언어** : 아랍 어
- **주요 기념일** : 무함마드 탄신일, 라마단(이슬람교의 금식 기간), 이드 울 피트르(금식 종료 기념 축제), 파시카(에티오피아의 부활절)
- **좋아하는 운동** : 축구
- **좋아하는 음식** : 달콤한 민트 차, 코프타(고기 완자), 쿠스쿠스(북아프리카의 전통 요리), 비둘기파이

북부아프리카

아프리카 북쪽에는 미국만 한 크기의 광대한 사하라 사막이 있어요. 북부아프리카는 보통 사하라 사막 이북을 가리켜요. 사하라 사막은 모래사막이 적고 대부분 바위와 자갈로 덮여 있어요. 낮에는 기온이 타는 듯 뜨겁지만, 밤에는 기온이 얼어붙을 듯 차갑게 내려가요. 사하라 사막에는 비가 일 년에 250밀리미터 이하로 아주 적게 내리지만, 리비아와 이집트에서는 오아시스가 발견돼요. 오아시스는 사막에서 지하수가 솟아나는 샘이나 하천이에요.

북부아프리카는 7세기에 중동 지역에서 건너온 아랍 족에게 정복당한 역사가 있어요. 그래서 북부아프리카는 아프리카인데도 중동의 영향을 받아 실제로는 아랍 문화의 특징을 보여요. 대부분의 북부아프리카 사람들이 아랍 어를 쓰고 이슬람교를 믿지요.

나일 강 유역에 자리한 이집트는 아주 오래된 문명 국가 가운데 하나예요. 피라미드는 고대 이집트의 왕인 파라오의 무덤으로, 이집트를 대표하는 건축물이지요. 가장 큰 피라미드는 무게가 무려 2.5톤씩 되는 돌덩이를 200만 개나 쌓아서 만들었대요!

북부아프리카 동부(에티오피아, 에리트레아, 지부티, 소말리아)는 이곳 지형이 마치 코뿔소의 뿔처럼 인도양 쪽으로 툭 튀어나와 있어서 '아프리카의 뿔'이라고 불러요. 이 지역은 오랫동안 비가 오지 않아 몹시 건조해요. 농작물과 동물들이 말라 죽고, 식량이 없어서 굶어 죽는 사람들도 많아요. 그중에서도 특히 소말리아는 심한 가뭄과 내전 때문에 큰 어려움을 겪고 있어요. 소말리아에는 해적이 많은데, 주민들이 먹고 살기 위해 해적 활동을 하는 경우가 많대요.

이슬람교의 축제

이드 울 피트르는 이슬람교의 종교 행사인 라마단이 끝났음을 축하하는 날이에요. 라마단 기간 동안 신을 더욱 성스럽게 모시기 위해, 이슬람교 신자들은 한 달 동안 해가 뜨고 지는 사이에 음식을 먹거나 음료를 마시지 않아요. 한 달이 지나면 사흘간의 축제인 이드 울 피트르가 시작돼요. 가족들은 잔치를 벌여 선물을 주고받고, 가난한 사람들에게 돈을 준답니다.

'사하라'는 아랍 어로 '사막'이라는 뜻이에요. 그래서 사하라 사막이라고 하면 사실 사막이라는 말이 두 번 겹치는 셈이지요.

물 좀 주세요!

세계 인구가 늘어나면서 물 소비도 증가했어요. 물을 얼마나 확보할 수 있느냐에 따라 물 기근 국가, 물 부족 국가, 물 풍요 국가로 나누어요. 아프리카의 많은 나라들은 물 기근 국가예요. 물이 심각하게 모자라 큰 문제가 일어나고 있지요.

물 한 컵을 얻으려고 8시간 동안 걸어가야 한다는 게 상상이 되나요? 그건 아프리카에 사는 많은 어린이들이 강제로 해야 하는 일이에요. 아프리카의 가장 큰 문제 가운데 하나가 물이 엄청 부족하다는 거예요. 물이 아예 없거나 거의 없거든요. 아프리카에는 마실 수 있는 민물을 얻을 수 있는 사람이 절반밖에 안 돼요. 그래서 몇 킬로미터를 걸어가 물을 구하는 일이 흔해요. 물을 발견했다 해도 물이 더러워 병에 걸리기도 하지요. 아프리카에서는 물과 관련된 질병으로 죽는 경우가 가장 많아요. 그래서 전 세계의 많은 단체들이 아프리카 대륙 사람들이 깨끗한 물을 마실 수 있도록 돕고 있어요.

서부아프리카

서부아프리카는 기후와 생물계의 차림판 같아요. 북부의 사하라 사막이 이곳에 걸쳐 있고, 사하라 사막 남쪽 가장자리에는 서쪽에서 동쪽으로 띠처럼 길게 이어진 사헬 지대가 있어요. 사헬은 사막보다 덜 건조한 초원 지대예요. 이곳은 주로 유목민들의 터전이었는데, 가뭄이 잦은 데다 지나친 방목 때문에 초원이 황폐해져서 점점 생물이 살 수 없는 사막으로 변해 가고 있어요. 사헬 지대에서 좀 더 멀리 남부 아래로 내려오면 날씨가 덥고 매우 건조한 열대 초원 지대인 사바나가 있어요. 남부 끝에는 덥고 매우 습한 열대 우림 지역도 있지요.

서부아프리카는 카카오, 종려나무, 커피, 땅콩 농장 등이 많은 농업 지역이에요. 코트디부아르는 초콜릿의 원료인 카카오를 세계에서 가장 많이 생산하는 것으로 알려져 있어요. 그런데 26만 명이나 되는 어린이들이 카카오 농장에서 강제 노동에 시달리고 있대요.

서부아프리카는 예전에 숲이 많아서 건축용 목재를 가공하는 제재업이 발달했지만, 지금은 나무들이 많이 잘려 나가서 숲이 아주 조금밖에 남아 있지 않아요. 특히 기니 만 주변에 있던 많은 숲은 농경지와 코코아, 커피, 목화 등을 재배하는 농장으로 바뀌었어요.

서부아프리카에는 수백 개의 부족이 살고 있는데, 지난 수십 년 동안 한 나라에 사는 다른 부족들끼리 내전을 많이 벌였어요. 게다가 극심한 가뭄까지 겹쳐서 식량 부족으로 어려움을 겪고 있는 나라들이 많아요.

식민지란 무엇일까요?

식민지란 힘이 약한 나라가 강한 나라에게 강제로 지배 받는 걸 말해요. 아프리카 나라들은 거의 대부분 1800년대에 유럽 나라들의 식민 지배를 받았어요. 영국, 프랑스, 포르투갈, 에스파냐, 독일 등 유럽 열강들은 아프리카에서 나는 다이아몬드와 금, 상아, 커피 같은 풍부한 자원이 탐났어요. 그래서 아프리카 사람들의 뜻과는 상관없이 제멋대로 국경선을 그려 놓고, 서로 자기네 땅이라고 주장하며 아프리카 나라들을 지배했어요. 그러면서 같은 부족이 서로 다른 나라로 갈라지거나, 사이가 좋지 않은 부족들이 한 나라에 포함되기도 했어요.

아프리카 지도를 보면 다른 대륙에 비해 경계선이 직선인 경우가 많은데, 바로 유럽 열강들이 자기들 편한 대로 나눠 놓았기 때문이에요. 아프리카 나라들은 대부분 1950년대와 60년대에 독립했지만, 지금도 국경 문제 때문에 분쟁이 많이 일어나고 있어요.

1910

- 이탈리아령
- 포르투갈령
- 에스파냐령
- 벨기에령
- 프랑스령
- 독일령
- 영국령
- 독립국

서부아프리카에 대해 알아보기

주요 농산물 : 커피, 코코아, 고무, 면화, 참마

토착 동물 : 아프리카악어, 원숭이, 바다소, 미어캣, 하마

주요 언어 : 아랍 어, 프랑스 어, 영어

주요 기념일 : 아보아카이어(가나의 사슴 사냥 축제), 독립 기념일, 이드 울 피트르, 어린이날

좋아하는 운동 : 축구

좋아하는 음식 : 땅콩 스튜, 염소 고기 바비큐, 졸로프라이스(볶음밥), 켄키(곡류 발효 식품)

15세기 말 유럽 인들이 황금과 상아, 노예를 많이 사 갔기 때문에 서부아프리카는 황금 해안, 상아 해안, 노예 해안이라고 불렸어요.

중앙아프리카와 남부아프리카

중앙아프리카는 적도가 지나가는 아프리카의 중앙으로, 사하라 사막 남쪽에 있어요. 중앙아프리카 주민들은 대부분 산간 지대나 고원에서 밭농사를 지어요. 콩고 강 유역에는 키가 작기로 유명한 피그미 족이 밀림 지대에서 수렵·채집 생활을 하고 있지요.

남부아프리카는 서쪽의 대서양과 동쪽의 인도양에 접해 있고, 인도양에 자리한 섬나라 마다가스카르를 포함해요. 남부아프리카의 드넓은 숲과 사바나 지역에는 코끼리, 사자, 기린, 치타 같은 야생 동물이 많이 살아요. 탄자니아의 세렝게티와 케냐의 마사이마라에는 야생 동물 보호 구역도 있어요.

아프리카의 가장 남쪽 지역에는 칼라하리 사막과 나미브 사막이 있어요. 칼라하리 사막에는 세계에서 점점 사라지고 있는 수렵·채집 부족 가운데 하나인 부시먼 족이 살아요. '아무것도 없는 곳'이라는 뜻을 가진 나미브 사막에는 매우 크고 붉은 모래 언덕이 있어요.

남아프리카 공화국은 다이아몬드와 금 같은 광물 자원이 풍부해 아프리카에서 부유한 나라로 꼽혀요.

중앙아프리카와 남부아프리카에 대해 알아보기

주요 농산물: 땅콩, 차, 커피, 카사바, 참마, 코코넛

토착 동물: 사자, 기린, 치타, 타조

주요 언어: 스와힐리 어, 프랑스 어, 영어, 포르투갈 어, 아프리칸스 어

주요 기념일: 은콸라(짐바브웨의 추수 감사제), 독립 기념일, 영웅의 날, 아프리카 어린이의 날

좋아하는 운동: 축구, 크리켓, 럭비

좋아하는 음식: 냐마초마(아프리카식 바비큐 요리), 브레보스(남아프리카의 소시지), 옥수수죽

마다가스카르

마다가스카르는 아프리카 대륙 남동쪽 인도양에 있는 섬나라예요. 마다가스카르에는 여우원숭이처럼 다른 지역에서는 볼 수 없는 희귀한 동물과 식물들이 많아요. 여우원숭이의 종류만 해도 약 50종이나 된대요. 아프리카에서 흔히 볼 수 있는 바오바브나무도 이곳에서 가장 많이 자라요. 마다가스카르에서는 또 전 세계 바닐라의 절반 이상이 생산되고 있어요.

밀렵에서 멸종으로

아프리카에서는 야생 동물을 몰래 사냥하는 밀렵 문제가 아주 심각해요. 예전에는 중앙아프리카, 남부아프리카의 숲과 사바나에 큰 야생 동물들이 가득했어요. 그런데 1970년대와 80년대에 밀렵꾼들이 들어와서 코끼리와 사자, 치타, 코뿔소, 고릴라 들을 마구 잡아갔어요. 상아와 가죽, 뿔 따위를 얻으려고 그랬던 거예요. 그 결과 1980년대에는 80만 마리가 넘는 코끼리가 죽고, 코뿔소는 83퍼센트가 줄어들었어요. 마운틴고릴라 수컷은 예전의 반밖에 안 되는 약 700마리만 야생에 남아 있어요.

과학자들은 이렇게 밀렵이 계속되면 15년 뒤에는 많은 아프리카 동물들이 멸종할 거라고 예측하고 있어요! 여러분은 코끼리와 코뿔소, 사자, 고릴라가 없는 아프리카가 상상이 되나요? 밀렵꾼들의 사냥을 막으려면 어떻게 해야 할까요?

경고
이곳은 순찰 보호 구역입니다.

오스트레일리아

오스트레일리아는 인도양과 태평양에 완전히 둘러싸인 섬이에요. 하지만 땅이 워낙 넓어서 하나의 대륙으로 여겨요. 세계에서 가장 큰 섬인 그린란드보다 3배 더 크지요. 오스트레일리아는 7대륙 가운데 가장 작은 대륙이에요. 그리고 대륙 가운데 유일하게 하나의 나라만 있는 대륙이지요. 북반구를 위쪽으로 볼 때 오스트레일리아는 적도에서 한참 아래인 남반구에 있어서 '아래에 있는 땅'이라는 뜻으로 '다운언더'라고도 불러요.

오스트레일리아는 6개의 주와 오스트레일리아 수도 준주, 노던 준주, 그리고 노퍽 섬과 크리스마스 섬 등의 여러 섬으로 이루어져 있어요. 오스트레일리아의 내륙은 대부분 사람들이 살기 어려운 메마른 불모지이거나 반사막이에요. 그래서 주민들은 대개 동부 해안 지대에 살아요. 특히 동부는 따뜻하고 습기가 많은 서안 해양성 기후에다 물을 찾기가 쉬워서 인구 밀도가 높아요. 시드니, 브리즈번, 멜버른 같은 대도시들이 이곳에 모여 있어요.

오스트레일리아 동쪽 해안에는 그레이트디바이딩 산맥이 남북으로 길게 뻗어 있어요. 이 산맥의 서쪽에는 뜨겁고 건조한 평원인 대찬정 분지가 있어요. 우물을 파면 지하수가 땅 위로 솟아오르는 찬정이 많아서, 이곳에서는 소와 낙타, 양을 방목해요.

오스트레일리아 대륙의 기록

가장 높은 곳 : 코지어스코 산(높이 2,228m)
가장 낮은 곳 : 에어 호(해수면 아래 16m)
가장 긴 강 : 머리 강(길이 2,589km)
가장 큰 호수 : 에어 호(넓이 9,300km²)
가장 큰 도시 : 시드니(넓이 12,407km²)

대보초(산호초)

오스트레일리아 북동부 해안에 있는 대보초는 약 2,000킬로미터에 걸쳐 흩어져 있는 3,000여 개의 산호초와 작은 섬들로 이루어졌어요. 대보초는 세계에서 가장 큰 산호초 지대로, 너무 커서 우주에서도 보이는 유일한 생명체래요!

대보초는 세계 해양 생물의 약 3분의 1인 4,000종의 물고기와 700종의 산호, 그리고 수천 종의 식물과 생명체가 사는 곳이에요. 세계의 어느 곳보다 다양한 생물이 많이 살기 때문에 산호초를 흔히 '바다의 열대 우림'이라고도 해요.

대부분의 사람들은 산호가 식물이라고 생각해요. 하지만 아니에요! 산호는 산호 폴립이라고 하는 동물이에요. 산호 폴립은 부드러운 몸과 위, 그리고 해파리처럼 촉수를 갖고 있어요. 산호 폴립은 주변에 석회석 뼈대를 만들기 위해 바닷물에 있는 광물질을 이용해요. 폴립은 수업 시간에 복도로 나와서 나란히 앉아 벌을 서는 아이들처럼 아주 작은 공간에서 서로 가까이 붙어 살아요. 자라면서 예전에 만든 뼈대 위에 다시 새 뼈대를 만들어요. 수백만 개의 뼈대들이 쌓이면서 산호초가 형성되지요. 이 산호초가 서서히 커져서 영구적인 산호초 섬이 만들어지는 거예요.

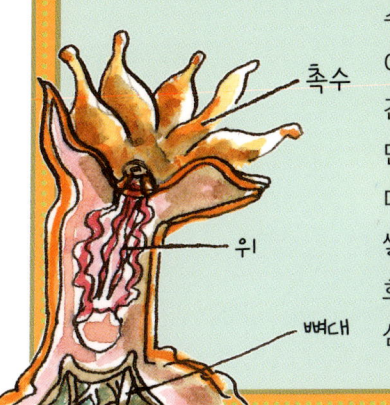
촉수
위
뼈대

약 5만 년 전, 맨 처음 오스트레일리아에 살던 원주민을 애버리진이라고 해요. 유럽 인들이 정착하기 전까지만 해도 오스트레일리아에는 약 100만 명의 원주민이 자신들만의 고유한 문화를 일구며 살고 있었어요. 그런데 18세기에 영국이 오스트레일리아를 영국 연방으로 포함시킨 뒤 이곳에

죄수들을 수용하면서, 오스트레일리아는 바다에 떠 있는 거대한 감옥처럼 되었지요. 그 뒤 죄수들이 오스트레일리아에서 금을 찾아내자 유럽 인들이 물밀듯이 몰려들었어요. 그 와중에 애버리진은 유럽 인들이 옮긴 전염병으로 죽거나 이주민들과 싸우다 죽었으며, 살던 곳에서 쫓겨났어요. 오늘날 약 15만 명밖에 남지 않은 애버리진은 대부분 도시에 살지만, 전통을 지키며 여전히 오지에서 살아가는 애버리진도 있어요.

중앙에서 서해안까지 오스트레일리아 국토의 3분의 1은 모래사막과 바위 사막이에요. 이곳은 산맥과 강 뒤쪽으로 멀리 있다고 해서 '아웃백'이라고도 해요. 아웃백은 사람들이 거의 살지 않는 오지예요. 이곳에는 애버리진이 신성하게 여기는, 세계에서 가장 큰 바위인 울루루가 있어요.

오스트레일리아는 어떤 나라보다 양을 많이 길러요. 양털은 오스트레일리아의 주요 수출품이지요. 오스트레일리아에는 신기한 동물도 많이 살아요. 바로 배에 새끼를 넣고 기를 수 있는 육아 주머니가 달린 캥거루, 코알라, 주머니곰 같은 유대 동물이랍니다. 키위나 에뮤처럼 날지 못하는 새도 오스트레일리아에 살아요. 세계에서 유일하게 알을 낳는 포유동물인 오리너구리와 바늘두더지도 오스트레일리아에서만 산다는군요!

오스트레일리아에 대해 알아보기

주요 농산물 : 키위, 밀, 양, 소

토착 동물 : 캥거루, 코알라, 오리너구리, 웜뱃, 에뮤, 주머니곰

주요 언어 : 영어

주요 기념일 : 오스트레일리아의 날, 앤잭 데이(현충일과 비슷한 국경일), 엘리자베스 여왕 생일, 복싱 데이

좋아하는 운동 : 파도타기, 럭비, 테니스, 크리켓, 오스트레일리안 룰스 풋볼

좋아하는 음식 : 피시앤드칩스, 앤잭 비스킷, 미트파이(닭고기나 쇠고기를 갈아 만든 파이), 베지마이트(빵에 발라 먹는 잼 비슷한 식품)

스테이션

오스트레일리아와 뉴질랜드에서는 대규모 양목장을 '스테이션'이라고 해요. 스테이션에 사는 어린이들은 학교가 너무 멀어서 집에서 라디오나 인터넷으로 수업을 받아요.

제임스 쿡 선장과 남태평양

유럽 사람들은 1700년대까지만 해도 남태평양에는 거대한 '남쪽 대륙' 딱 하나만 있다고 생각했어요. 다른 섬들이 있는 줄은 전혀 몰랐던 거예요. 하지만 당시 철학자들은 북반구의 대륙과 균형을 이루려면 남쪽에도 다른 대륙들이 있을 거라고 믿었어요. 영국은 다른 경쟁국보다 먼저 땅을 발견해서 부를 얻고 싶었어요. 그래서 제임스 쿡 선장에게 남쪽 대륙을 탐험하라는 비밀 임무를 내렸지요.

제임스 쿡 선장은 명령에 따라 1768년부터 1779년까지 세 차례에 걸쳐 태평양 남쪽 끝에서 북쪽 끝까지 탐험했어요. 선장은 첫 번째 항해에서 쿡 해협을 발견하여 뉴질랜드가 두 섬으로 이루어져 있다는 사실을 밝혔어요. 그리고 오스트레일리아의 동부 해안을 탐험하고 나서 오스트레일리아를 영국 영토로 선언했어요. 제임스 쿡 선장과 선원들은 캥거루를 처음 보고 그것이 어떤 동물인지를 놓고 논쟁을 벌이기도 했어요. 아무튼 제임스 쿡 선장의 첫 항해 덕분에 태평양 지역이 세계 지도에 그려지게 됐지요.

두 번째 항해에서 제임스 쿡 선장은 남쪽에 있는 대륙(테라 오스트랄리스)을 발견했지만, 사람들이 살 수 없는 곳임을 확인하고 이곳 탐험을 끝냈어요. 세 번째 항해에서는 하와이 제도를 발견하여 하와이 주민을 만난 최초의 유럽 인이 되었지요. 하지만 북극 근처까지 탐험하던 중 빙산에 가로막혀 돌아오던 그는 하와이 섬에 들렀다가 하와이 원주민에게 살해당하고 말았어요.

오세아니아

오세아니아는 남태평양의 여러 섬을 두루 일컫는 말이에요. 흔히 오스트레일리아를 비롯해 뉴질랜드, 멜라네시아, 미크로네시아, 폴리네시아 지역을 오세아니아라고 하지만, 오스트레일리아는 섬이 아니라 하나의 대륙이에요.

오스트레일리아 남동쪽에 있는 뉴질랜드는 2개의 큰 섬으로 이루어졌어요. 남섬에는 빙하가 많고, 북섬에는 화산과 온천이 많아요. 뉴질랜드는 목초지가 넓어서 양과 소 같은 가축을 많이 길러요. 특히 양이 사람보다 10배나 더 많대요.

멜라네시아, 미크로네시아, 폴리네시아는 태평양에 드넓게 펼쳐진 수많은 작은 섬들로 이루어져 있어요.

미크로네시아는 미크로네시아 연방, 팔라우, 마셜 제도, 나우루, 괌 등 수많은 섬으로 이루어졌어요. 미크로네시아는 '작은 섬들'이라는 뜻이에요.

멜라네시아에는 파푸아뉴기니, 피지 제도, 솔로몬 제도, 비스마르크 제도 등이 있어요. 멜라네시아는 원주민들의 피부가 검은 데서 유래한 '검은 섬들'이라는 뜻이에요.

폴리네시아는 '많은 섬들'이라는 뜻이에요. 이곳에는 사모아, 투발루, 통가, 쿡 제도, 니우에, 이스터 섬, 소시에테 제도 등이 있어요.

파푸아뉴기니는 국토의 대부분이 열대 우림에 뒤덮여 있는 섬나라예요. 산과 강 때문에 길을 내기가 어려워서 대부분의 도시에 작은 비행기가 이착륙할 수 있는 가설 활주로가 있어요.

피지는 태평양의 섬나라들 가운데 인구가 가장 많고 가장 발전한 나라예요. 설탕을 많이 수출하고 있어요.

뉴질랜드의 **오클랜드**에서는 사람들이 여가 생활이나 이동 수단으로 요트를 많이 타서 '항해의 도시'라고 불러요.

타히티 섬은 프랑스의 화가 폴 고갱이 말년을 보낸 곳으로 유명하지요. 고갱은 아름다운 타히티 섬과 원주민들의 생활을 많이 그렸어요.

남극과 북극 지역

남극과 북극은 언제나 눈과 얼음으로 덮여 있는 가장 추운 지역이에요. 남극은 아주아주 두꺼운 얼음에 뒤덮인 땅이고, 북극은 대부분 얼음이 얼어 있는 바다예요. 남극이 북극보다 훨씬 춥지만, 두 지역 모두 여름에는 낮이 계속되고 겨울에는 캄캄한 밤이 계속돼요.

남극 대륙은 몹시 추워요. 흔히 손가락이 떨어져 나갈 것처럼 춥다고들 하지요. 남극 대륙은 지구에서 가장 춥고 가장 바람이 많이 불고, 가장 건조한 곳이에요. 세계에서 다섯 번째로 큰 대륙인데도 남극에 사는 사람이 없다는 사실이 전혀 놀랍지 않지요. 남극 대륙에는 꽃이 피는 식물도 없고, 풀도 없으며, 큰 포유류도 없어요. 그냥 온통 얼음뿐이에요. 얼음의 평균 두께가 2킬로미터나 되고, 전 세계 얼음의 양 중에서 90퍼센트나 차지해요.

북극은 북아메리카와 북유럽 일부, 아시아 북부, 그린란드를 포함하는 지역이에요. 남극처럼 혹독하게 춥지는 않지만 북극도 매우 추워요. 그린란드와 캐나다 북부, 시베리아의 북극 지방에는 이누이트가 살아요. 이누이트를 흔히 에스키모라고 부르지만, 이누이트는 이 말을 좋아하지 않아요. 에스키모라는 말이 '날고기를 먹는 인간'이라

가장 낮은 온도
영하 89.2도

나라 수
0

아프리카

남아메리카

남극 대륙
남극점

가장 높은 곳
빈슨매시프 산
(높이 5,140m)

토착 동물
황제펭귄, 바다표범, 고래, 크릴

오스트레일리아

누가 먼저 남극에 도달할까!

1911년 노르웨이의 로알드 아문센과 영국의 로버트 스콧은 서로 남극에 도달한 첫 번째 탐험가가 되고 싶었어요. 아문센과 스콧은 각자 다른 곳에 베이스캠프를 정했어요. 아문센은 캠프가 남극에 좀 더 가까이 있었기 때문에 더 먼저 출발했어요. 그리고 치밀하게 준비하고 현명하게 행동했어요. 아문센은 이누이트처럼 썰매 끄는 개를 이용하고 몸을 따뜻하게 해 주는 이누이트 옷을 입었어요. 스콧은 개와 조랑말을 이용했는데, 혹독한 날씨 탓에 그만 조랑말이 죽고 말았지요.

아문센은 스콧보다 한 달 앞서 남극에 도착했어요. 스콧과 그의 동료들은 뒤늦게 남극에 도착했지만, 돌아오는 길에 심한 추위와 굶주림으로 모두 죽고 말았어요.

7개 나라가 남극 대륙 일부에 대해 영유권을 주장했지만, 지금 남극은 오로지 과학 연구를 위해서만 이용할 수 있어요.

북극은 어떨까요?

북극의 바다에는 거대한 빙산들이 떠다녀요. 얼음을 깨는 특수 장비가 달린 쇄빙선이 얼음을 깨고 뱃길을 만들면 다른 배들이 그 길을 따라 북극해를 항해하지요. 남극과 마찬가지로 북극도 과학자들이 연구를 하기 위해 찾지만 영구적인 연구소는 세우지 않았어요. 왜 그럴까요? 떠다니는 얼음 덩어리 위에 건물을 세우기가 힘들기 때문이에요.

우리는 지금 막 7대륙 여행을 마쳤어요! 하지만 이제부터가 시작이에요. 세계에 대해 알고 싶은 것, 가 보고 싶은 곳이 더 많이 생겼을 거예요. 이제 여러분 스스로 세계를 탐험할 차례예요.

는 뜻이기 때문이에요. 그래서 이들은 스스로를 '인간'이라는 뜻을 지닌 이누이트라고 불러요. 이누이트는 눈과 얼음으로 집을 짓고(이런 얼음집을 이글루라고 하지요), 바다코끼리, 물개, 고래 따위를 잡으며 살고 있어요.

남극의 주인은 누구일까요?

여러분일까요, 나일까요? 맞을 수도 있고 틀릴 수도 있어요. 남극은 한 나라가 소유할 수도 없고 다스릴 수도 없어요. 남극 대륙은 오로지 과학 연구를 위해서만 이용한다는 국제 조약이 맺어졌거든요. 약 19개 나라가 45곳의 연구 기지를 세웠지만, 남극에 계속해서 거주하는 사람은 한 명도 없어요. 과학자들은 남극의 기후와 자원, 야생 동물 등을 연구하기 위해 남극 대륙에 가요. 남극이 완전히 어둠으로 덮이고 사나운 바람이 부는 겨울(5월~9월)이 되면 많은 과학자들이 고국으로 돌아가지요.

북극에는 북극곰, 북극여우, 순록, 바다사자, 물범, 바다코끼리, 물개 등이 살아요. 이곳에 사는 동물들은 대부분 몸에 털이 많거나 지방이 많아서 추위를 견딜 수 있어요.

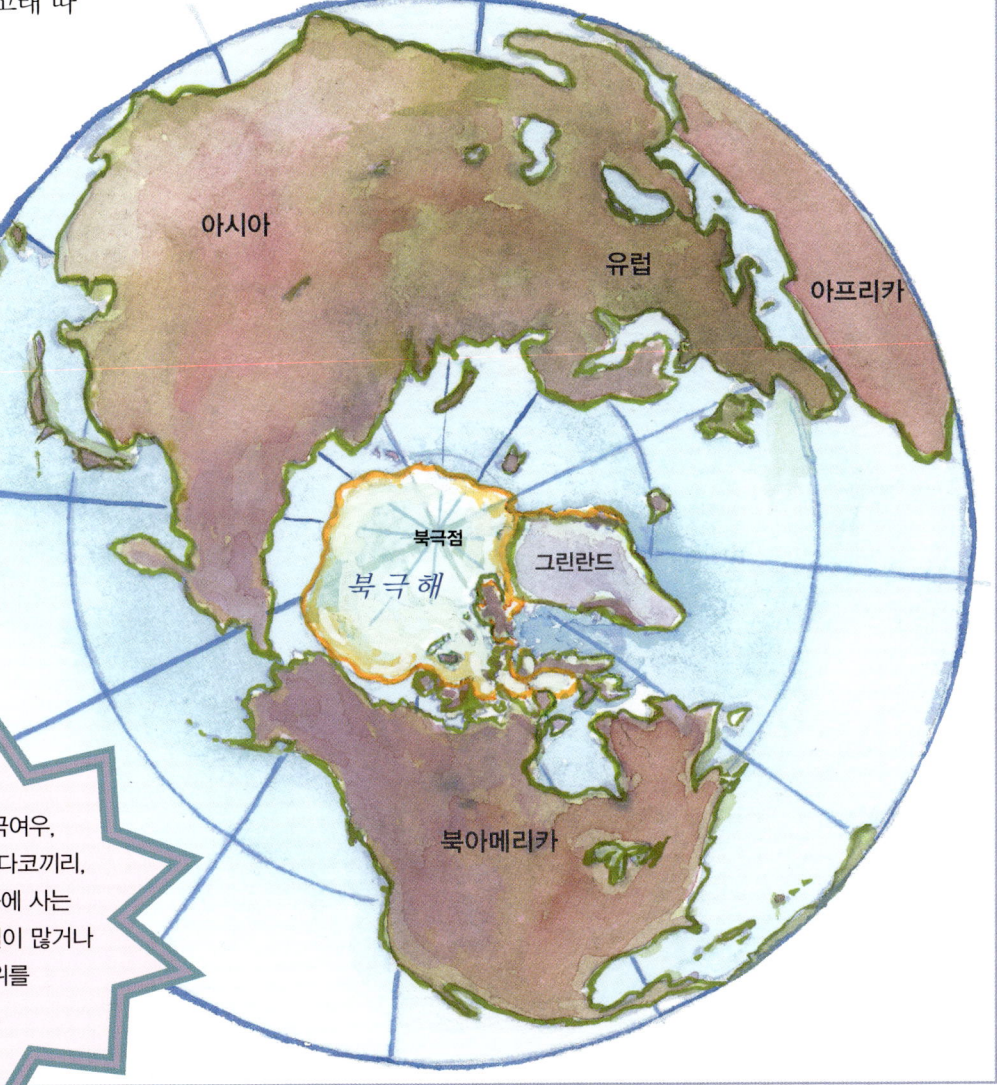

찾아보기

가
가나 81
가봉 83
가이아나 48, 51
갈라파고스 섬 50
감비아 81
갠지스 강 70, 71
경도 12, 13, 15
고비 사막 64, 74
고원 20
과테말라 35, 47
국제 표준 시간 14
그랜드캐니언 20, 45
그레나다 47
그레이트디바이딩 산맥 84, 85
그레이트브리튼 섬 56
그리니치 13
그리스 63
그리스·로마 문명 54
그리스·로마 신화 54
그린란드(덴마크령) 32, 35, 37
기니 81
기니비사우 81
기아나(프랑스령) 48, 51
기제 78
기호 17, 18
기후 25
기후대 25, 27

나
나미브 사막 82, 83
나미비아 83
나이아가라 폭포 37
나이지리아 81
나일 강 24, 76, 77, 78
나폴리 62
날씨 25
날짜 변경선 14, 15
남극 12, 13, 25, 32, 88, 89
남반구 12, 13, 15
남부아시아 70
남부아프리카 82
남아메리카 49, 50, 53
남아프리카 공화국 82, 83
남유럽 63
네덜란드 60, 61
네스 호 57
네팔 31, 70, 71
노르웨이 58
노예 해안 80, 81
뉴올리언스 40
뉴욕 41
뉴질랜드 30, 87
니제르 81
니카라과 35, 47

다
다뉴브 강 55, 59
다마스쿠스 69
다윈 50
다카르 81
대기 6
대륙 32
대륙 이동 8
대보초(산호초) 84, 85
대서양 22
대양 23
대찬정 분지 84, 85
대한민국 30, 31, 74, 75
데칸 고원 71
덴마크 31, 58
도미니카 공화국 35, 47
도버 57
도쿄 65
독일 60, 61
동남아시아 72
동반구 13
동부아시아 75
동유럽 59
동티모르 73
두바이 69
두브로브니크 62
드레이크 해협 52
디트로이트 42

라
라고스 81
라스베이거스 45
라오스 73
라이베리아 81
라트비아 59
라파스 51
라플란드 58
램버트 빙하 21
러시모어 산 42
러시아 31, 65~67
런던 55, 57
레메피오르 55
레바논 69
레소토 83
레이캬비크 58
로건 산 36
로스앤젤레스 45
로키 산맥 34~36, 39, 44, 45
루마니아 59
루이스 44
룩셈부르크 60, 61
르완다 83
리버풀 57
리비아 78
리스본 62
리우데자네이루 51
리투아니아 59
리히텐슈타인 60, 61
릴레함메르 58

마
마닐라 73
마다가스카르 82, 83
마드리드 62
마라카이보 호 51
마야 문명 46
마이애미 41
마젤란 11
마추픽추 50
마케도니아 63
만 23
만리장성 74
말라위 83
말라위 호 83
말레이시아 72, 73
말리 81

90

매킨리 산 20, 35
맨틀 8
머리 강 85
메디나 69
메소포타미아 문명 68
메카 69
멕시코 31, 34, 35, 46
멕시코 만 40
멕시코시티 35, 46
멜라네시아 87
멜버른 84, 85
모나코 60, 61
모레노 빙하 52
모로코 78
모리타니 81
모스크바 66
모잠비크 30, 83
모하비 사막 44, 45
몬테네그로 62, 63
몬테카를로 61
몬트리올 37
몰도바 59
몰디브 64, 65, 70, 71
몰타 62, 63
몽골 74, 75
몽블랑 산 20, 55, 61
뭄바이 70, 71
미국 30, 34, 35, 38
미니애폴리스 42
미시시피 강 35, 39, 40, 42, 43
미얀마 72, 73
미주리 강 39, 42, 43
미크로네시아 87

바

바그다드 69
바라나시 71
바레인 64, 69
바르샤바 59
바이칼 호 67
바티칸 시국 55, 62, 63
바하마 35, 47
반도 23
발데스 반도 48
발칸 반도 국가 63
발트 3국 59
발트제뮐러 34
방글라데시 70, 71
방콕 72
배들랜즈 국립공원 42
백두산 74
밴쿠버 36
베냉 30, 81
베네거 8
베네룩스 3국 60
베네른 호 55
베네치아 62
베르호얀스크 67
베를린 61
베스푸치 34
베트남 31, 72, 73
벨기에 30, 60, 61
벨라루스 59
벨리즈 35, 47
보스니아 헤르체고비나 62
보스턴 41
보스토크 호 24
보츠와나 83
본초 자오선 13~15
볼리바르 베네수엘라 48, 50, 51
볼리비아 48, 51
부다페스트 59

부룬디 83
부르키나파소 81
부에노스아이레스 52
부탄 70, 71
북극 12, 13, 25, 88, 89
북극해 23
북반구 12, 13, 15
북부아프리카 79
북아메리카 9, 34
북아일랜드 56, 57
북유럽 58
북한 75
불가리아 59
브라질 31, 48, 50, 51
브라티슬라바 59
브루나이 72, 73
브리즈번 84, 85
빅토리아 폭포 37, 83
빅토리아 호 77
빈 61
빙산 21
빈슨매시프 산 20, 88
빙하 20, 21, 87

사

4대양 22
사라와크 동굴 73
사막 25, 27
사바나 26, 80, 82
사우디아라비아 30, 68, 69
사하라 사막 25, 76~80
사해 64, 69
사헬 80
산마리노 62, 63
상아 해안 80, 81
상투메프린시페 83

상트페테르부르크 66
상파울루 48, 51
상하이 74
샌안토니오 42
샌프란시스코 45
서남아시아 68
서반구 13
서부아프리카 80
서유럽 60
서인도 제도 47
석유 68
섬 23
세네갈 81
세르비아 62, 63
세이셸 77
세인트루이스 42
세인트키츠네비스 35
세인트폴 42
소노라 사막 44, 45
소련 59
소말리아 30, 78, 79
속령 33
솔트레이크시티 45
수단 77, 78
수리남 48, 51
수마트라 섬 73
수에즈 운하 78
수크레 51
순다르반스 71
슈바르츠발트 61
슈피리어 호 35
스리랑카 70, 71
스와질란드 83
스웨덴 58
스위스 60, 61
스코틀랜드 57

스콧 88
스테이션 86
스텝 26
스톡홀름 58
슬로바키아 59
슬로베니아 62, 63
시드니 84, 85
시리아 69
시베리아 66, 67
시안카안 생물권 보호 지역 47
시애틀 45
시에라네바다 산맥 38, 44, 45
시에라리온 81
시에라마드레 산맥 46
시카고 42
식민지 80
실리콘 밸리 45
실크로드(비단길) 10, 11
싱가포르 72, 73
쓰나미 73

아

아라비아 반도 68
아랄 해 66
아랍에미리트 68, 69
아르헨티나 31, 48, 52, 53
아리스토텔레스 10, 11
아마존 26
아마존 강 24, 48~51, 77
아메리카 34
아문센 88
아비장 81
아살 호 77
아스테카 문명 46
아시아 64
아이슬란드 33, 58

아이티 35, 47
아일랜드 55~57
아카풀코 46
아콩카과 산 20, 48, 52
아타카마 사막 52
아테네 63
아프가니스탄 71
아프리카 30, 76
안데스 산맥 48~52
안도라 62, 63
알바니아 62, 63
알제리 78
알프스 산맥 54, 60~62
암스테르담 61
앙골라 83
앙코르와트 73
앙헬 폭포 51
애버리진 85, 86
애틀랜타 40, 41
애팔래치아 산맥 35, 39, 40
앨리스스프링스 84
양곤 72
양쯔 강 64, 65, 74
에든버러 57
에리트레아 78, 79
에버글레이즈 국립공원 41
에베레스트 산 20, 65, 70
에스토니아 59
에스파냐(스페인) 62, 63
에콰도르 48, 51
에티오피아 78, 79
에펠탑 61
엘살바도르 35, 47
열대 우림 26, 27
열대 25
영국 55~57

영국 해저 터널 57
예루살렘 68
예멘 68, 69
옐로스톤 국립공원 45
5대호 43
오만 68, 69
오세아니아 87
오스트레일리아 15, 32, 84, 85
오스트리아 60, 61
오슬로 58
오커퍼노키 습지 40
오클랜드 87
오타와 37
온대 25
온두라스 35, 47
올랜도 40
요르단 69
요세미티 폭포 45
우간다 83
우드버펄로 국립공원 36
우랄 산맥 54, 59, 67
우루과이 48, 52, 53
우즈베키스탄 66
우크라이나 55, 59
울루루 84, 86
워싱턴 디시 38, 40, 41
워터턴-글레이셔 국제 평화
공원 45
웨일스 57
위도 12, 13
유라시아 54
유럽 54
유로 54
유프라테스 강 69
은하계 6
이구아수 폭포 37, 52

이누이트 88, 89
이라크 68, 69
이란 68, 69
이베리아 반도 63
이스라엘 69
이스터 섬 53, 87
이집트 78, 79
이탈리아 62, 63
이탈리아 반도 63
인구 밀도 29
인도 9~11, 30, 31, 64, 70, 71
인도네시아 64, 72, 73
인도양 23
일본 30, 31, 74, 75
잉글랜드 57
잉카 문명 49

자

자메이카 35, 47
자와(자바) 섬 73
잔지바르 섬 83
잠비아 83
적도 12, 13, 25
적도 기니 83
제네바 61
제도 23
제퍼슨 44
좌표 12, 13
중국 31, 64, 74, 75
중동 68
중앙아메리카 34, 47
중앙아시아 66
중앙아프리카 82
중앙아프리카 공화국 83
지각 8
지각판 8, 9

지구 6~8, 10
지구의 내부 구조 8
지도 5, 16~19
지리 5
지부티 78, 79
지진 9
짐바브웨 83

차
차드 83
체코 59
첸나이 70
초원 26, 27
축척 17
치첸이트사 47
7대륙 6, 32, 33
칠레 48, 52

카
카디프 57
카리브 해 34, 47
카메룬 83
카스피 해 24, 54, 64
카이로 77
카이사르 7
카자흐스탄 66, 67
카타르 68, 69
칸쿤 46
칼즈배드 동굴 국립공원 45
캄보디아 73
캐나다 31, 34~36
캐스케이드 산맥 38, 44, 45
캘거리 36
케냐 82, 83
케이프요크 반도 84
케이프타운 83

코소보 62, 63
코스타리카 35, 47
코지어스코 산 20, 85
코토팍시 산 50
코트디부아르 80, 81
코파카바나 해변 51
코펜하겐 58
콜럼버스 10, 11, 34, 47
콜롬비아 48, 50, 51
콜카타 70, 71
콩고 83
콩고 민주 공화국 83
쿠바 35, 47
쿠알라룸푸르 72
쿠웨이트 68, 69
쿡 86
퀘벡 37
크로아티아 62, 63
클라크 44
키르기스스탄 66
키프로스 63
킬리만자로 산 20, 77, 83

타
타이완 74
타지마할 71
타지키스탄 66
타히티 섬 87
탄자니아 82, 83
태국 30, 72, 73
태양계 6
태즈메이니아 섬 84
태평양 22
터키 69
테이블 산 83
토고 81

토네이도 43
통북투 81
투르크메니스탄 66
툰드라 26, 27, 36
튀니지 78
트리니다드 토바고 47
티그리스 강 69
티에라델푸에고 52
티칼 46
티티카카 호 48, 51

파
파나마 35, 46, 47
파나마 운하 46, 47
파라과이 48, 52
파키스탄 70, 71
파타고니아 사막 53
파푸아뉴기니 87
판게아 8, 9
팜파스 53
펀디 만 37
페루 48, 51
페트라 69
포르투갈 62, 63
폴란드 59
폴리네시아 87
폴로 64
표준 시간대 14, 15, 36
푸두체리 70
푸에르토리코 35, 47
푼타아레나스 52
프라하 59
프랑스 60, 61
프레리 26
프린스 알렉산더 폴더 55
프톨레마이오스 10, 11

피사의 사탑 62
피오르 58
피지 87
핀란드 58
필라델피아 40, 41
필리핀 72, 73

하
하와이 38
한대 25
할리우드 45
해골 해안 83
핵 8
행성 6
허드슨 만 37
허리케인 46
헝가리 59
헬싱키 58
협곡 20
호찌민 73
혼 곶 52
홍콩 74
홍해 69
화산 9, 44
황금 해안 80, 81
황허 강 74, 75
황허 문명 75
후지 산 74
휘슬러 36
휴스턴 42
흑해 59
히말라야 산맥 9, 20, 64, 70, 71, 74

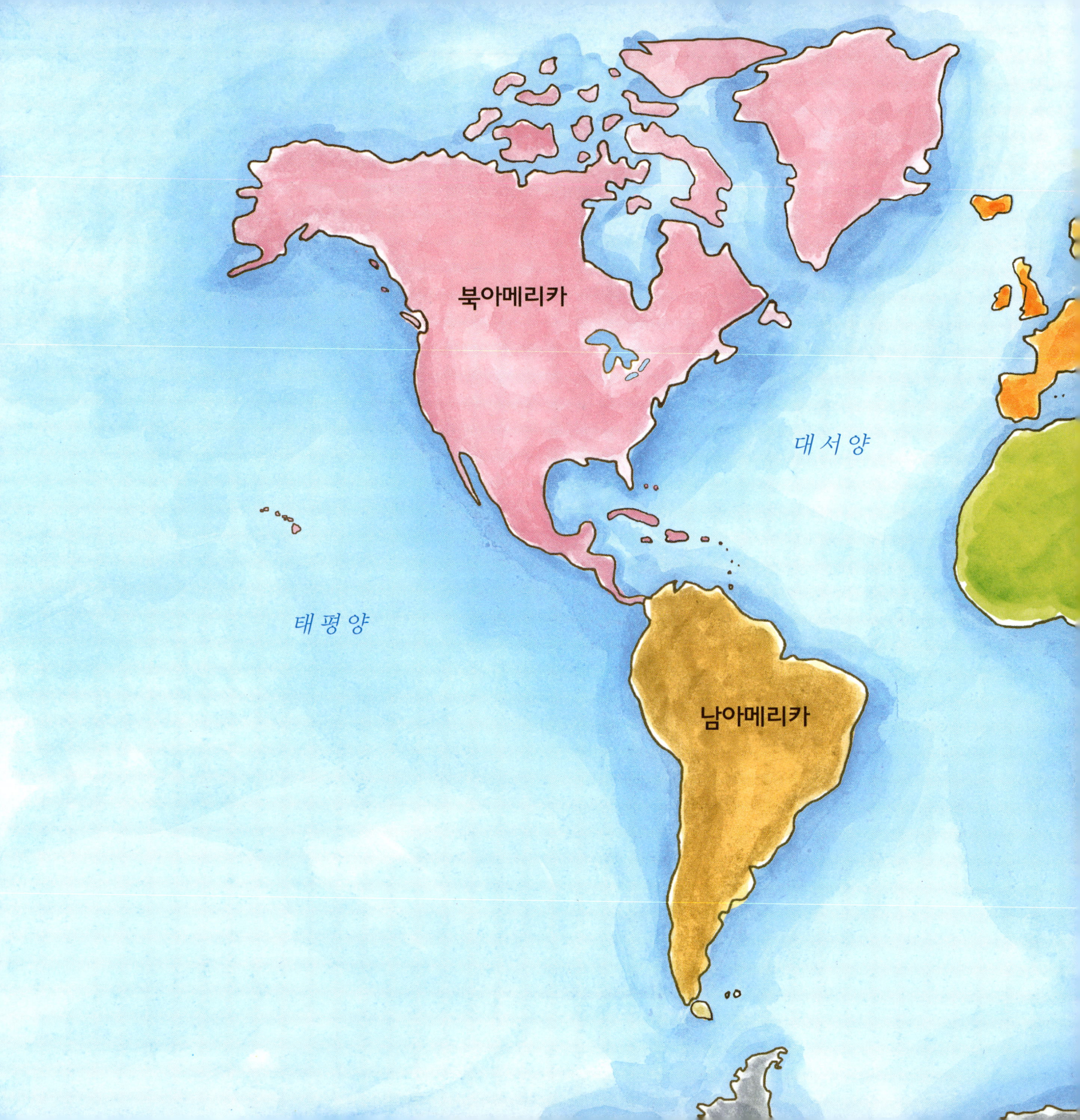